光文社知恵の森文庫

藤井伸二

タイからはじめるバックパッカー入門

光文社

本書は知恵の森文庫のために書下ろされました。

まえがき

旅――あるいは旅行は、これまで気軽にできるものでした。海外旅行も例外ではありません。円が強くなり、相対的に諸外国の物価が急激に下がった結果、誰もが気軽に簡単に、遠い異国へと旅立つことができるようになったのです。

そうして日本を飛び出したのが九〇年代の若者たちでした。バックパッカーとなった彼らは自由に世界を歩き回り、無限の足跡を残しました。

二一世紀に入ると、今度は低料金で乗れる航空会社があふれだしました。格安航空会社ＬＣＣの台頭です。これによって外国はさらに近いものとなり、三日間の連休があれば行って帰って来られるほど身近な存在となったのです。

しかし、唐突にこの世に出現した新型コロナウイルスＣＯＶＩＤ-19によって、それらの常識はすべて吹き飛んでしまいました。

感染対策で空路が閉鎖され、世界中の国々が国境を閉ざしました。日本人だけではありません。世界中の人たちから、旅する楽しみが奪われてしまったのです。

それは暗く長い時間でした。ただし、永遠に続くわけではありません。防疫体制の強化、さらにはワクチンの研究と開発の成果により、世界は少しずつ明るい方向へと向かっています。そう遠くないうちに、再び各国の国境が開かれ、人の移動が始まるでしょう。その瞬間が、自由な旅の始まりです。

先陣を切るのはバックパッカーです。道なき道を進んで足元を踏み固めるのは、いつの時代でも彼らの役割でした。そこに僕たち私たちも、割り込んでいくことにしましょう。

堅苦しく考える必要はありません。バックパッカーとして旅するのに年齢は関係ありません。性別の考慮も経験もまた求められません。必要なのは、いまこの瞬間に、自分ができる旅をすること。それをするのが——できるのが、バックパッカーと呼ばれる人種なのです。

これから順に、どうすればそのバックパッカーになれるのか、そのためにどんな準備が必要かを説明していくことにしましょう。

難しくはありません。ただ少しだけ、考え方を変えればいいのです。最初は見よう見まねでも、板に付いていなくてもいいではないですか。旅を続けているうちに、あるいは何度も繰り返していくうちに、誰もがそれっぽくなっていくものです。

重要なのは、最初の一歩を踏み出すこと。その先になにがあるのかは、行ってみないとわかりません。

さあ、そろそろ始めましょうか。バックパックをかついでもう一度、あるいはまだ見たことのない世界に向かって旅に出るための、その準備を。

旅立ちの日は、すぐ目の前に迫っています。第一陣で飛び出すために、いまからしっかり用意しておきましょう。

【目次】Contents

TOM N TONS COFFEE

Contents

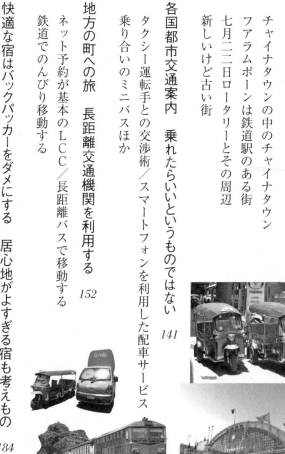

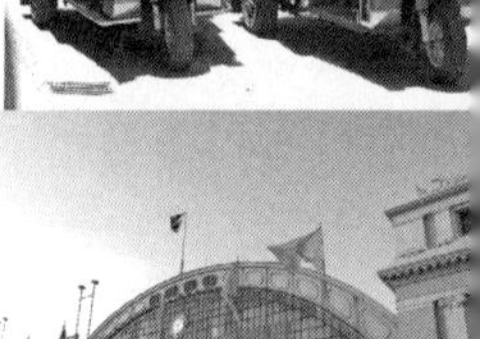

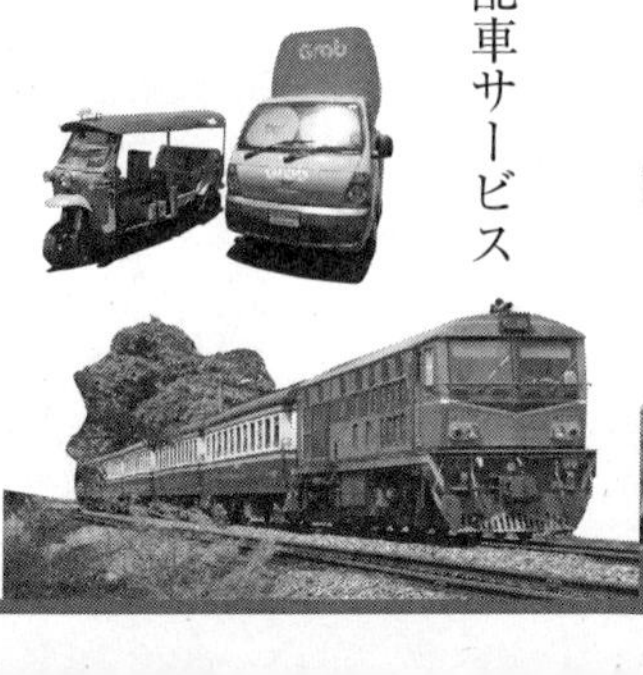

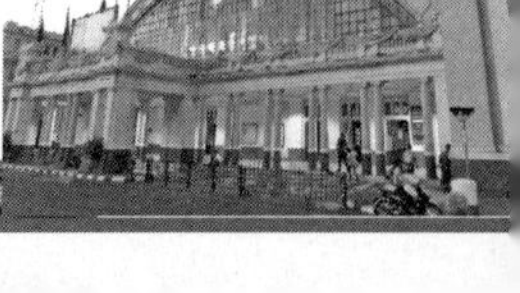

Contents

JAPAN
PASSPORT

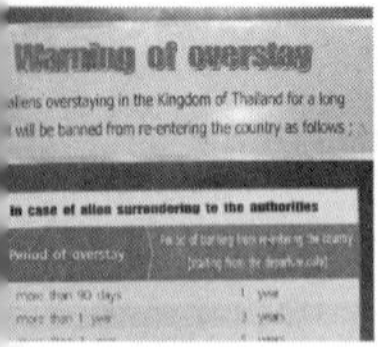

Warning of overstay
aliens overstaying in the Kingdom of Thailand for a long
will be banned from re-entering the country as follows ;
In case of alien surrendering to the authorities
Period of overstay

Roof top
Common Area
Private room
Private Bathroom
Mixed Dormitory
Female Dormitory
Shared Bathroom
FREE BREAKFAST
FREE Wifi

本文デザイン／宮崎貴宏　本文写真／著者

プロローグ　異郷の朝

タイ東北部　メコン川の流れる町　ノーンカーイ

某月某日。午前八時五分前。

空は晴れ、澄み切った青い頭上には小さな雲が浮かんでいる。目の前に横たわっているのはメコン川だ。左から右に、静かに、ゆっくりと、大きな流れを見せている。

その向こう、白い建物が点在しているそこには、ラオスと呼ばれる別の国が広がっている。足元のメコン川が国境の役目を果たし、ふたつの国を分けているのだ。

ここはタイ王国の東北部、イサーンと呼ばれる地方の最北端、ノーンカーイの町だ。首都バンコクから夜行の寝台列車で一一時間。ゆるやかな揺れに誘われて眠り、目覚めたらここに来ていた。いや、そんな単純な話ではもちろんないが、雄大なメコンの流れと同じように、時間と空間に身をゆだねていたら、いつしかここまで来ていたような気分だ。

タイと日本の時差は二時間だから、あちらはすでに午前一〇時前だ。距離では四三〇〇キロほど離れていて、飛行機でも六時間か、それ以上かかることもある。そんな遠い国にいたのが自分自身で信じられないほど、簡単にここまで来てしまった。

ここに至るまでに苦労したような気がしない。隣の国、いや普段着で隣の町に来ているような、そんな非現実ささえ感じている。

まるで異国の風に運ばれてきたような浮遊感……これが旅というものなのか。

それでいて、はるか遠くへ来たような気もしている。風景が違うし、人々の話し言葉も大きく違う。目の前の川が国境だと言われても、にわかに信じることができない。向こう岸に渡るだけで、こことは別の国になってしまうとは、頭では理解していても納得はできない。

茶色く濁ったメコンの川面は、旅人を不安な気持ちにさせてくれる。遠くて近い別世界が目の前に突き付けられているような、そんなめまいにも似た不思議な興奮が、静かな流れから伝わってくるのだ。

一日の始まり

町角の電柱に据え付けられた公共のスピーカーから唐突にファンファーレが鳴り響い

た。現実に戻されたその耳に、カウントダウンが聞こえてくる。

――ピーン
時報が鳴り、時が告げられた。一瞬の静寂に続いて、勢いのいい音楽が流れ始める。

タイ語で歌われているこれはタイ王国の国歌だ。サッカーやボクシングの国際試合で必ず流されるその曲が、いまスピーカーから流れている。

時刻は午前八時ちょうどだった。町をゆく人々は足を止め、その場に直立したまま動かなくなる。彼らは好き勝手な方を向いたまま立っている。自転車もバイクも動かない。ラジオを聴いて知ったのか、通りを走っていた自動車までもが停まっている。国歌以外は物音すらも聞こえてこない。まるで時間停止装置が作動したかのようなこの瞬間、動いているのは空を飛ぶ鳥だけだ。

国歌が流れている数十秒間、時が止まった。それが終わると人々は、何事もなかったように動き始める。長いタイの一日が、この瞬間から始まった。これはその開始を告げる国営の儀式なのだ。

タイでは毎朝きっちり午前八時に、テレビやラジオもすべての番組を中断して国歌を流す。地方都市だけではなく、首都バンコクでも流される。ただバンコクは交通量が多く、車両の走行速度も速いので、往来の車が停まることはない。時間の流れが停止するこの風景が見られるのは、地方を訪れている間だけだ。

タイの役所は、これから三〇分後の午前八時半から仕事を始める。その時間になると入国管理局と税関が開き、メコン川を越えて対岸のラオスに向かう船が出る。

対岸からも、同じ船がやってくる。ラオスの船着き場を出た船が、沖合いでタイの船と交錯し、こちらの船着き場へと渡ってくるのだ。

船で越える国境……いまこの醍醐味を味わえるのは、残念ながらタイとラオスの両国民だけになっている。それ以外の外国人は、ここから少し離れた場所に架けられた橋を渡って越えなければならない。

それもまた旅の醍醐味ではあるが、橋が架けられる以前には乗れたこの船を利用できないのは、旅人＝バックパッカーとして残念でならない。

早朝の湯気に誘われて

メコン川の周辺は他の地域よりも気温が下がる。湿度もあるので、熱帯では珍しく朝方に肌寒さを感じることになる。

特に冷えるのは一二月から一月にかけての間で、この季節には頭に毛糸の帽子、首にはマフラーを巻いている人の姿まで見ることができる。大げさなようにも思えるが、そうしたくなるほど寒いのだ。この時期の朝晩の冷え込みは、油断していると後悔するほど強く厳しい。その鋭い冷え込み方は、まるで日本の冬のようだ。

こんなことは、実際に来てみるまでわからない。熱帯は——東南アジアはどこに行っても暑いものだと、外国人は頭から思い込んでいるのだ。だから準備もしていなかったが、日本人なら耐えられないことはない。

それでも寒さと同時に自身の無知を指摘されたような気がして、まだ旅が始まったばかりだというのに、どうにも心許なくなってくる。

世界には自分の知らない場所があり、事実がある。知らねばならない真実もまた、いまだ数多く残されているのだ。

活気を得始めた岸辺を背にして町に入ると、通りのあちこちに出ている屋台から湯気が立ち上っているのが見えてきた。そこでは熱いコーヒーか、煮込んだ粥が売られている。あるいは丼に盛られた麺類かもしれない。いずれにしても、川面から忍び寄る寒さに震

世界遺産ルアンパバーンを流れるメコン川

えた体にはうれしく感じられる。

麺類の屋台は時間を問わずに出るが、粥の屋台の多くは朝か夕方に出る。タイの朝粥は白粥ではなく、米をポタージュ風になるまで煮込んだ雑炊だ。これはタイ語でチョクと呼ばれる。

チョクの具は豚の臓モツだ。軽く丸めた肉団子と、別ゆでされた丸腸とレバーが小さな丼にたっぷりと盛り込まれて出てくる。そこに生卵を落とし込み、酢漬けの唐辛子などを入れ込んで、ゆっくりかき混ぜてからいただくのが正しい食べ方だ。

好みで醤油をひとたらしすると、さらに風味が強くなって旨い。そのうえでパートンコーと呼ばれる揚げパンをクルトンよろしくちぎって載せると、味と食感が一段と高まる。

生卵と一体化してどろどろになった粥をモツごとすくい、口に入れる。一口食べるごとに、体の奥から力が湧いてくるのが実感できる。鼻先をくすぐるパクチーの香りが鮮烈だ。本場のそれは鮮度が高く、まさしく「薬味」と呼んでみたい。

早朝の、まだ一日が始まって間もないこんな時間から、このように刺激的で栄養満点の食べ物を、屋根すらもない屋台で味わう気分は格別だ。アジアの民衆の底力の秘密が、その一瞬に垣間見えたような気にさえなってくる。

町角で楽しむ甘苦い味わい

腹を満たした程度では、旅人の朝は終わらない。町角の湯気は、まだほかにも立っている。そこは人々がつかの間のくつろぎを得る喫茶のはずだ。

田舎の市場街を歩いていると、必ずあるのが喫茶の屋台だ。安物のテーブルが店の前に置かれ、少ないながら席が用意されている。

饒舌である必要はない。屋台の主人と目が合えば、それが注文の合図となる。タイでもどこでも、朝の一杯は熱いコーヒーと決まっているのだ。

外国人とみると気を利かせてインスタントコーヒーを作ろうとするが、その手をやんわり制止して、湯気の立っている鍋のあたりを指さしたい。そこにはネルのバッグに入れられた、出がらしのコーヒー豆があるはずだ。郷に入っては郷に従うように、タイでは……いやアジアのどこに行っても、朝はこれをいただいてみよう。

タイ語でカフェ・ボラーンと呼ばれるこれは、直訳して「古式珈琲」となるように、二〇世紀の初頭からこの地で売られているアジア固有のオリジナルコーヒーだ。正しくは本物とは呼べない疑似コーヒーであるが、似せた技術にも歴史と伝統がある。それゆえに古式と呼ばれるその味を、傾いた安っぽいテーブルの上で、じっくり味わってみることにしたい。

カフェ・ボラーンはカップではなく、小さめのグラスに入れて供される。底には白いコンデンスミルクがたっぷりと沈められ、深い焦げ茶色をしたコーヒーとのコントラストが美しい。これをスプーンでかきまわし、ちびりちびりと口元で楽しむ。シアトル系のお洒落なコーヒーショップでの一杯とはまるで違う、アジアならではの逸品だ。

隣のテーブルでは、老人がやはり同じように、古式な味と香りを堪能している。これからの勤務に備えてか、熱心に新聞に目を通している男性もいる。日本でもタイでもアジアでも、朝の過ごし方は共通している。

それを横目で見ている自分自身はといえば、予定は決まっているような、それでいてなにも決まっていないような、中途半端な胸の内だ。それでも特に問題はない。今日はこれからどこに行くか、そうしてなにをしてみるか、迷うばかりでなにも決まっていない。あれもしたい、これもしたいと、出発前はあれほどしっかり計画していたのに、実際にこ

古式コーヒーの抽出は茶の湯の儀式にも似ている

甘くて濃いのが由緒正しい古式なコーヒー

こまで来てみると、まったくなにもする気になれない。そんな不思議な贅沢に、すでにすっかり溺れてしまっているのだ。

ふと見れば、屋台から立ちのぼる湯気が消えている。高く上がり始めた太陽が、町の空気を変えてしまった。熱帯の空気がこの地を支配し始めている。こうなったら、そろそろ立ち上がる頃合いだ。

目の前の風景が、いまはやたらと広く感じる。際限のない自由が、視野と視界を広げているのだ。

とりあえず、もう一度メコン川まで出てみようか。なにか違った発見が、そこにあるかもしれない。

喜んだり驚いたり、寂しさを少し感じてみたり、残念がったり。旅に出てからの毎日は喜怒哀楽が激しくなった。そうやって常に新しい刺激を受けている。

机上の知識だけでは得られない発見に興奮する日々。それは実際に旅したものだけが手に入れられる、僕たちバックパッカーの宝物なのだ。

Part 1

旅の実践編

渡し船の行き来以外は波風の立たないメコンの水面

行ってみなければわからない。
それが旅の楽しさだ。
見て食べて呼吸して、異国のすべてを感じよう。

まずは東南アジアを目指そう
始まりはタイから

このところ、なにかうずうずした気持ちになっていないだろうか。

動きたくても動けないような、自由になりたいがなにから始めていいかわからないような、そんな居心地の悪い世界に閉じ込められ、体がギシギシと音をたてているような気がしないだろうか。

それでいて、あふれるエネルギーを感じている。噴火直前のマグマのような、体のどこからかわき起こる説明しがたい衝動。

率直に言おう。それは旅への渇望だ。

旅——魅力的な言葉の響き。それが体の奥のどこかから聞こえてくる。腹の底から、首の付け根から、あるいは足のつま先から、ぞくぞくする興奮とともに立ち上がってきている。

いま僕たちが感じているのは旅に向けられた欲求と興奮。それらを取り巻く高熱にも似た激情だ。

様々な制限のもと、自由になりたくてもなれなかった時間はそろそろ終わりにしよう。これから先は世界に向かって飛び立つとき。待ち焦がれていた外界に飛び込んでいくときだ。

目を向ければ、そこにバックパックが置かれている。旅の道具と熱い思いが詰まった大きなバッグがそこにある。

それを持ち上げるときが来た。背中にかつぎ、バックパッカーとなって旅をする、その瞬間が来たのである。

バックパッカーに共通の夢は「世界一周」だ。これは旅人の誰もが持っている夢であり、目標でもある。

荷物をかつぎ、町から町へと移動して、地球を見事に一周し、出発点へと帰還する。長い行程になるだろう。終わるまで何年もかかるに違いない。しかし、旅をするならそこまでしたいと、誰もが思っているはずだ。

かく言う僕もそう思っていたし、いまも思っている。そして、いまだに実現していない。

かつて世界一周を目指した僕自身の旅は、広大なユーラシア大陸のなかばで途絶えたままになっている。計画はあるが予定はなく、実現できるかどうかさえも定かではない。

それでも残念には思っていない。世界一周は目標ではあるが、目的ではないからだ。

目的地があると、そこに到達した時点で旅が終わってしまう。それでは楽しくないし、意味もない。だから、あえて目的地を定めていないとも言える。

永遠に終わることのない旅をし続けるのは旅人の夢だ。そうなれば目的地は、やはり夢のような場所がいい。けっして到達することのない、あるいはできない理想郷があれば最高だ。その場所こそが、バックパッカーの目的地なのだ。

高い目標を設定し、あれこれ考えてばかりいると、結局どこにも行けなくなってしまう。かつてバックパッカーに憧れたけれど、ついにそうなれなかった人の真実がそれだろう。時間がなかった、あるいは家族や仕事や収入など失うものや捨てるものが多すぎたなど、考えることがありすぎて、迷った挙げ句に動けなかった……のではないだろうか。

しかし、もはや迷っている時間などない。俗に青年が地平線を目指す機会は人生に二度あると言われている。最初のチャンスを見逃しているなら、いまこのときが二度目のチャンスだ。この機を逃せば、次はない。

迷っていたら、始められない。だからこそ、バックパッカーとして旅に出よう。彼らのように、必要最小限のものだけをバックパックに詰め込んで、一気に出かけてしまうのだ。

とりあえず旅は、行ってしまえば成功だ。そのための理由も、まずはいらない。たとえ理由が思いつかなくても、旅が終わりを告げるころには、周囲を納得させられるだけの実績が後付けで積み上がっているはずだから。

いつの時代もバックパッカーは、抑えきれない衝動に突き動かされて旅を始める。「やるしかない」「行くしかない」と思ったら、その日が旅の始まりなのだ。

バックパッカーは東南アジアを目指す

行き先だが、やはり最初は東南アジア方面に向かうことにしたい。まずはそこで心と体を切り替えるのだ。

一般的な、どこにでもいる普通の日本人からインターナショナルなバックパッカーに変身する……それには東南アジアが手っ取り早くて最適だ。

思えば九〇年代。あのときの日本は空前の東南アジアブームだった。バックパックを背負った旅がブームになるのと東南アジアがブームになるのとで、どちらが先だったかははっきりしないが、ともかく日本の若者たちは、まるで熱病にでも取り憑かれたかのように、いっせいに東南アジアへと飛び出していった。

読者の中にも、このときのブームに乗って、なにかに急かされるように東南アジアへと向かった人がいるだろう。そのときの興奮を再び……というわけではないが、やはり今回も最初に目指すのは東南アジアにしたい。

初めてバックパックを背負う人も同様だ。日本人バックパッカーの旅は、常に東南アジアから始まるのである。

……と扇情的に書いてみたが、現実的な理由もそこにはある。東南アジアは日本から近いため、旅費を低めに抑えることができるのだ。

最も予算を圧迫する航空券も、ヨーロッパ行きの半額程度で買えるので、資金を貯める苦労が少なくてすむ。それはつまり、海外渡航熱＝バックパッカーへの変身願望が冷める前に飛び立てることを意味している。

また、東南アジアは広い範囲で仏教が信仰されているの

東南アジアの国々

も日本人にはなじみやすい。仏教以外が信じられているのはキリスト教国フィリピンとイスラム教徒が八割以上を占めるインドネシア、そしてマレーシアくらいだが、そうした国々でも仏教の影響があちこちに感じられる。現代の日本人は無信仰に近いが、それでもキリスト教的世界より仏教的世界のほうが親しみやすいし、相手の国民からも受け入れられやすい。

それより重視したいのは、アジアのほとんどの国が米食文化であることだ。仏教国だろうがイスラム国家であろうがキリスト教国であろうが、東南アジアの主食は米である。米は水や空気と同じように当然そこにあるはずのものと思いがちだが、そうなっているのは実は東南アジアくらいで、それも西のアラブあたりまで行くと、空気以外は水も米もなくなってしまう。これが意外と体にこたえるのだ。

一気に東南アジアを飛び越える予算と予定がある人でも、まずはその手前で荷を解いて、心と体を整えてみたい。たとえ元バックパッカーであっても、長いブランクがあるのなら、ウォームアップの時間も必要だ。

世界の常識や文化の違いを実体験するのが旅の楽しみではあるが、いきなりガツンとやられてしまい、遠くに向かう意欲をなくすのも面白くない。今回は旅の初心者の身にもなって、段階を踏んで進むことにしよう。

アジアのエネルギーを吸収しよう

東南アジア諸国で現実的に目を引くのは「物価の安さ」だ。最近は経済の発展で景気がよくなり、物価は右肩上がりになっているが、日本と比べれば安く感じる国のほうがまだ多い。

しかし、東南アジアといっても様々な国や地域がある。物価から見てあまりメリットのない国は、

・シンガポール
・台湾

の二つで、行ったら最後、旅の予算はあっという間に底をついてしまう。かつては安かった香港をここに加えてみても同じだ。

逆に恩恵にあずかれるのは、こちらの国々だ。

・タイ

・カンボジア
・ベトナム
・ラオス
・ミャンマー
・フィリピン

こうした現実を踏まえ、今回は東南アジア諸国の中で最も旅をしやすいタイ王国を、最初の目的地として定めたい。安易かもしれないが、初めての人にも、ひさしぶりに旅立つ人にもおすすめしたいのが、この国なのだ。

タイは観光立国で、旅の通（ベテラン）からすれば俗すぎて物足りなくもあるが、そういう彼らにとっても、この国はありがたい。異国という条件下で厳しい旅の疲れを癒せるのは、東南アジアではほぼここだけと言えるからだ。

日本からタイの首都バンコクまでは、直行便で約六時間。インドネシアの首都ジャカルタまでだと約七時間超の旅になるが、このあたりまでが苦痛なく飛べる距離だろう。時間的には日本からハワイに向かうのと同じくらいだ。

いくら直行便でも、飛行時間が八時間を超えるととたんに体に厳しくなるが、幸

夜行バスを降り、本日の宿を目指して歩くバックパッカー

歓迎されている世界に
向かって飛び込もう

いなことに日本からそこまで遠い東南アジアの国はない。一〇時間かければインドまで行けるが、初心者であればあるほどいきなりインドは避けたほうがいい。インドはバックパッカーの憧れの国だが、心身ともに旅人になりきっていないと苦労と苦痛ばかりが伴う国でもある。バックパッカーとして完全な準備ができていないと、この国を楽しく旅するのは難しい。

日本からの距離的にはタイよりもベトナムのほうが近くなるが、旅行者への便宜、特に初めてバックパッカーとして旅する人たちのことを考えれば、選択肢はタイになる。フィリピンであればもっと近いが、そこは日本と同じ島国で、陸路で隣の国に移動できないところがおもしろくない。絶対にそうしなければいけないわけではないが、バックパック旅行の醍醐味でもある「歩いて国境を越える」興奮と感激は、島国では味わえないからだ。

なにはともあれタイでありバンコクだ。アジアを旅するバックパッカーはタイを旅して基本を身に付け、インドに行って鍛えられる。そしていつしか本物のバックパッカーとなり、ヨーロッパや南米、そしてアフリカ大陸へと向かっていくのだ。

時間的理由や経済的理由でタイまでしか行けない人は、そこまで行って戻ればいい。さらに遠くへ行ける人、行きたい人は、どんどん先を目指して進むだけだ。

タイという国は、登山にたとえればベースキャンプのような国だ。まずはそこに行って装備と体調を整え、さらに上のキャンプを目指して進む。そのための用意が、この国にはある。

旅の予定が一週間でも、一ヶ月でも、一年でも、まずはそこまで、タイまで行ってみることにしよう。その先については行ってから考えても悪くはないし、遅くもない。細かいことは、あとで考えればいいのだ。

端でもいいから広い大陸のどこかに最初の一歩を踏み出そう。そこが終点になるのか、それとも華々しい始発点になるかは、様子を見てから決めればいい話だ。

そうとなったら、すぐに出発だ。迷っている時間すら、いまは惜しい。

とりあえず機内で六時間。目指すのはバンコクの国際空港だ。離陸のアナウンスが聞こえたら、冒険はもう目の前だ。

一気にバンコクの国際空港へ
空港ビルの外は異国

そして話は一気にバンコクの国際空港へと飛ぶ。迷っている時間はないと言ったはずだ。思い立ったらその場で実行。その気になった瞬間に飛び立つくらいの意気込みがないと、バックパッカーになれる日は永遠に来ない。

世の中やることは多いもので、日を追うごとに問題が立ちはだかって、旅立ちは難しくなってくる。出国までに必要な準備は後半のPart2で説明しているので、気になる方はそちらを先に読んでいただき、いざその日が――まとまった自由時間と空席が出る日が――来るのを待っていただくことにしよう。すでに準備を終え、気合いも十分に入っている方は、このまま先に進んでほしい。

スワンナプーム国際空港の入国ゲート。ここから先がタイ王国

さて、タイ王国への入国だが、これはまったく難しくない。乗ってきた飛行機を降りて、人の流れに従って歩けばそのまま出入国窓口のある入国ゲートにたどり着く。そこに至るまでには両替所や免税品店などがあるが、そんなものは後回しにして、まずはさっさと入国だ。

窓口の行列に並び、順番が来たら機内で渡された入国カードとパスポートを渡せばいい。担当官と言葉を交わす必要もないが、入国時の手続きとして指紋の採取と顔写真の撮影がある。これはタイに限らず世界のどこでも始まっている基本手続きだから、素直に従おう。

無事に通り抜けたら、次は荷物のピックアップだ。ターンテーブルに流れてくる大切なバックパックを引き取って、税関審査ゲートへと進んでいく。

タイの税関職員が重点的にチェックしているのは酒とタバコだ。これさえ持っていなければ、すんなり通過することができる。持っていても、次の規定を超えていなければ問題はない。

・タバコ　二〇〇本以内（＝一〇箱以下）
・電子タバコは厳禁
・酒　一リットル以内

彼らはこれらを執拗に取り締まっている。摘発されると密輸の罪で一〇年以下の懲役または五〇万バーツの罰金を本気で科せられるから、ここは正直な姿勢で臨みたい。

こんなところで大切な金と時間を取られては、いったいなんのために日本で準備を積み重ねてきたのかわからなくなってしまう。取るに足らない密輸成功の自慢話より、スマートに通り抜けてさっさと本当の旅を始めるほうが重要なのは、言うまでもない。

最初の仕事は両替だ

無事に入国手続きを終えたら、まずは空港ビル内の両替所を探したい。手にしているのは日本円か、よくて米ドルだろう。ただ、東南アジアを旅するにおいて米ドルを持っていたほうがいいのはベトナム、カンボジア、ラオス、ミャンマーくらいで、その場合でもよほどの奥地や僻地に行く予定がないかぎり、無理に日本で交換していく必要はない。

日本円は、いまではほとんどの国の両替所で現地通貨に交換できる。ベトナムやカンボジアでは米ドルでの直接支払いもできないことはないが、そうしたところで喜ばれる時代でもない。だから円のままで海外に出ても、問題が起こることはほとんどない。

国際空港には外貨の両替所が必ずあるが、空港内の交換レートは市中より悪いのが常識だ。タイの国際空港もその例に漏れずかなり悪い。探せば比較的よいレートで交換してくれる両替所（ほとんどは非銀行系）も見つかるが、それでも市中の両替所より不利だ。

だからといって日本国内の空港で交換していくのは、せっかく蓄えた予算を捨てに行くようなものだ。そこで提示されるレートは海外の空港内両替所よりもさらに悪く、不安な旅人の足元を見ているとしか思えない。

こうした経験豊富な旅人なら確実に知っている常識を踏まえた上で、ここでは当面必要になる分だけを交換したい。ホテルの予約時に宿泊費を支払い済みなら、

・空港からホテルまでの交通費
・その日の食事代
・当面の日用雑貨の購入費

……くらいを交換しておけばいいだろう。

到着時間にもよるが、市中の両替所まで行く時間、だいたいで半日程度は過ごせる金額でいい。タイを含めた東南アジア諸国であれば五〇〇〇円くらいか、多くても一万円までだ。

空港から市街の中心へ

両替をすませ、貴重品をきっちり管理したらホテルに直行だ。観光その他は後回しにして、まずはホテルにバックパックを置くのを最初の仕事としたい。

この心得もまたタイ到着時に限らない。ほかのどの国に行っても、空港に着いたらまずはホテルに直行しよう。そうすることで旅程の安全度は格段に高まる。

空港を出たら、そこから完全に異国となる。そこには航空会社によるそれまでの「お客さま」的対応のまったくない、本物の世間の風が吹いている。

正直なところ、日本の空港から現地の空港までは、移動であって旅ではない。本当の旅は入国審査と通関を終え、到着ロビーに出たところから始まるのだ。

空港ビルを出る前に荷物を確認し、財布の有無とその位置を確かめよう。小物の類も忘れていないか、それも入念にチェックしたい。問題がなければ、いよいよ本当の旅が始まる。

最初のチャレンジは移動だ。タイの首都バンコクの場合、空港から都内中心部に入る方法は、次のように複数ある。

・空港ビル内で予約する高級リムジンタクシー（二四時間／固定料金）
・空港ビルの外で待機する認可された一般タクシー（二四時間／メーター制）
・高架鉄道（スワンナプーム国際空港のみ。早朝から深夜まで）
・エアポートバス（早朝から深夜まで）
・一般鉄道（とりあえず二四時間）
・バンコク都営バス（一部の路線で二四時間）

バンコクには国際空港がふたつあるが、どちらも中心的な繁華街から数十キロと遠く、徒歩で目指せる距離ではない。荷物が小さくて軽く、かつ日中の場合は高架鉄道またはエアポートバスの利用も悪くないが、同行者がいる場合や深夜の足は夕クシーしかないと思いたい。到着時間や荷物の大きさを考慮して、これらの中からベストな方法を選択しよう。

大切なのは無理をしないこと。極限を目指すのは後でもまったくかまわないし、恥ずかしくもないのだ。

ホテルはどこにある？

事前に予約を入れてあっても、確実にその宿までたどり着けるとは限らない。なぜなら、

――鉄道列車は駅までしか行かない。

――バスは最寄りのバス停までしか行かない。

乗り物を降りたそこから先は、自分の力で進まねばならない。

荷物を背負い、最初の目的地まで、その両足で踏み出すのだ。ここからが本物のバックパッカーの旅である。頼れるのは、そう、自分だけだ。

荷物は重いかもしれない。しかし僕たちバックパッカーは、これを喜びと感じな

ければならない。すべてを背負ってどこへでも行ける、この得たばかりの自由を満喫しなければならないのだ。

背中の重さは自由の証明だ。これさえあれば、僕らはどこにでも行くことができる。世界のどこに行っても、荷物を広げればそこが自分の部屋だ。

不要なものは、なにもない。荷物を背負って空を飛び、乾いた道はバスで走ろう。金がなくなれば歩けばいい。そのために荷物を背負えるようにしているのだ。

バックパックさえあれば、旅はいつまでも続けられる。旅立ちの感動と責任を背中に負って、いまはひたすら前に進もう。


おっとその前に、本日最初の目的地——ホテル——の位置は、しっかりと確認できているだろうか。いま一度ここで、その詳細を確かめてみたい。たとえタクシーを利用しても、そこまで行けないことが普通にある。アジアのタクシーは新しくて小さな安宿の場所など知らないからだ。

住所を渡しても伝わらなければ、地図を見せてもわからない。彼ら運転手の大半は、地図の見方を知らないのだ。

特にタイのタクシー運転手、いやタイ人のほとんどは地図の見方をよく知らない。だから道に迷って地図を広げても、住所や番地を見せられても、どうすればいいかわからない。いま自分が地図上のどこにいるかさえ、わかっていない場合がほとんどだ。

場所を問われた彼らは間違いなくこう言うはずだ。

「そこに電話して教えてもらえば？」

もちろんそれはタイ語か英語で言われる。空港を出たら、そこから先は英語が通じるだけでも幸運だと思いたい。

タクシーの運転手はなにもかも知っていると思ったら大間違いだ。住所を伝えてそこまで行ってくれるのは、アジアであればベトナムくらいだろうか。ベトナム人は街と通りと番地で場所を理解してくれる。しかしタイ人が理解するのは、市区町村区分で言えば「区」あたりまでだ。

安宿の多くはタクシーも入れない路地裏や、一方通行路の中にあったりする。それが理由で安かったりするわけだが、スマートフォン上の地図では位置がはっきり表示されていても、タクシーの運転手が「ノー」と言う場合は、そうした「車では行くに行けない場所」に目的のホテルがあるからかもしれない。

そんな状況に直面したら、目的地に最も近い名所を告げよう。たとえば大きな寺院や市場、鉄道駅や病院名を告げて、その近くまで行ってもらうのだ。有名な高級ホテルでもいいだろう。そんなところに勤めているスタッフには英語が通じるので、臨時通訳を頼むのも有効だ。

地理的に近ければ、そこから歩いてみてもいい。背中のバックパックは、どんなときでも僕たちの味方だ。

部屋に荷物を下ろしたら

予約したホテルやゲストハウスに無事たどり着いても、すぐに部屋に入れるとはかぎらない。ホテルにはチェックイン時間があり、ほとんどの場合は午後二時以降になるまで部屋に入れないからだ。

ただし、これは中級以上のホテルの場合で、タイでは安宿で空室がある場合、時間にかかわらずチェックインさせてくれる。午前五時でも一〇時でも、受付――フロントではなくレセプションと呼ぶ——に誰かいるなら、その場でチェックインすることができるのだ。これはいくつかあるタイの安宿の美点のひとつで、気取ったホテルではこうはいかない。

うまく空室がなかった場合でも、予約を入れてあるなら荷物だけでも預かってもらえばいい。そうすればチェックイン時間まで、手ぶらで街を散策できる。

荷物はチェックアウト後、出発まで時間がある場合も同様に預かってくれる。これはもちろん無料で、どのクラスのホテルでも対応してくれる。

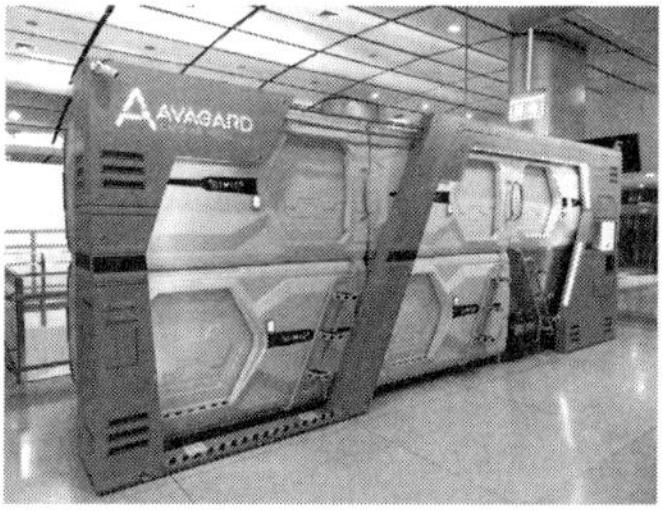

トランジット客向けのカプセルホテルも用意されている（スワンナプーム）

ともかく夜間の到着便で入国したら、本格的な行動は翌日以降にすることにしよう。空腹であれば近場の屋台などですませ、コンビニがあればそこで必要なものを買っておく。あまり遠出はしないようにして、その日の夜は移動の疲れを取ることに専念したい。

コラム

通貨感覚の鍛え方

国が変わると通貨も変わる。金銭単位も大きく変わり、慣れない頭では思考が混乱してしまうはずだ。

たとえば日本の一〇〇円は、アジアの通貨ではこうなる。

タイ	二八・三バーツ
ラオス	八六三八キープ
カンボジア	三七五五リエル
ミャンマー	一三〇一チャット
マレーシア	三・七七リンギット
インドネシア	一万三二二ルピア
シンガポール	一・二四シンガポールドル

ベトナム　　　二万二二八六ドン
フィリピン　　四四・九フィリピンペソ
（二〇二一年三月現在）

一〇〇円に対する相手国の通貨単位が一ケタから五ケタとまったく統一感がなく、物価が高いのか安いのか、紙幣を渡されてもわからない。

「一万」という数字だけを聞けば大金のようにも感じるが、ベトナムでは一回の食事で最低でも三万ドンから五万ドンは必要だ。そんな国で（ベトナムドンの）万札を大盤振る舞いしたところで、得られるものは少ない。

タイの観光地では、金銭感覚の調整が利かない日本人の旅行者が一〇〇〇バーツ紙幣を一〇〇〇円札の感覚で振りまいている光景を目にすることがある。同じ一〇〇〇という数字ではあるが、日本の一〇〇〇円札には現地通貨にして三〇〇〇円近い価値がある。気づかず通常の三倍の出費をしているわけだが、「しまった！」と焦るのはホテルに戻って落ち着いてからだ。

こうした不慣れを利用して、日本の五〇〇円硬貨を差し出して「五〇〇バーツと交換してください」と言い寄ってくる詐欺師もいる。タイに到着して間もないと、それをおかしく感じないから不思議なものだ。

このあたりは感覚の調整が必要になる。それも早ければ早いほどいい。

手っ取り早い方法はコンビニエンスストアに行くことだ。そこで缶ジュースとスナック菓子を買ってみるといい。飲み物はコークやペプシ、菓子はプリングルズ（ポテトチップス）や有名メーカーのチョコレートなど、日本でも売られているものを選択しよう。

それらをホテルの部屋で味わいながら、頭の中で簡単な換算式を作ってみたい。たとえばタイで「一〇〇バーツ」と言われたら、頭の中で即座に「缶コーラ×六本」のイメージを浮かべてみる。そして、その商品またはサービスがコーラ六缶に相当するかを判断してみるわけだ。

あるいは屋台の麺（一杯だいたい四〇バーツ）を基準にして、「一〇〇バーツ＝丼物二杯半」と計算してみるのもいい。続けて「これが日本だったら立ち食いそば二杯分に相当」と再計算すれば、だいたいの物価が見えてくる。

食い意地が張っていると言うなかれ。日本であれどこであれ、世間一般の物価は庶民が口にする食品を軸にして定まっているものなのだ。

　アジアは国による税制の違いが大きいので、酒やビールでは基準にならない。参考とするのは子供でも手に入れられる商品の価格、庶民が普通に口にしている料理や食事の値段に限定しておこう。

自由な旅の一日目
時差ボケを逆に利用する

世界のどこに行っても一日は二四時間しかない。そのうち朝は一度しかない。異国で迎える朝は、一週間であれば七回、一ヶ月なら約三〇回、三ヶ月でも九〇回だけ。勝手知らずの国で迎える朝の回数は、それだけしかないのだ。

だからこそ、大変貴重だと思いたい。深夜に見知らぬ街を徘徊するのも楽しいが、新鮮な朝の町角の匂いを味わうのもまた楽しい。どちらを取るかはおまかせしたいが、五感を震えさせるほど刺激的な朝の匂いは、ごく短期間しか楽しめないことを覚えておこう。

ところで本書では「匂い」と「臭い」を使い分けているが、心地よさや幸せを感じるのが「匂い」で、不快感や嫌悪感のあるのが「臭い」だと思っていただきたい。

鼻孔をくすぐる異国の刺激はひとつではないのだ。

繰り返すが、朝は一日に一度あっても、本当に新鮮な匂いを味わえるのは到着して最初の朝だけか、長くても翌朝までの間しかない。それ以上になると嗅覚が現地化して、すばらしさを感じられなくなってしまう。簡単に言えば「鼻が慣れて」しまうのだ。

嗅覚の現地化は思っている以上に早い。しかも一度現地化してしまったら、その国を離れるまでは戻らない。人間の順応力はたくましいが、違う見方をしてみれば、慣れがすべてを平凡化させるのだ。

意外なことに、街が変わっても匂いはそれほど変わらないが、国が変わると大きく変わる。たとえば、

——タイとカンボジアでは違うし、ラオスやベトナムでもまた違う。

——インドとフィリピンも、やはり違う。

——日本はもちろん、まったく違う。

朝はどこに行っても忙しい。米を炊いたり茶の湯を沸かしたりしなければならない。こうした煮炊きに使う燃料の違いが、国と街の匂いの違いを生み出している。

ある国では木を、またある国では炭を燃やして調理する。牛糞や木の葉を燃料にしている国もある。ガスにはガスの臭いがあるが、これも国によって特色がある。そこに新鮮な肉や野菜の匂いが入り交じると、胃と腸を刺激する特有の芳香が生み出される。

土の匂いも重用だ。川があれば水の匂いがする。それは新鮮だったり淀んでいたりする。得体のしれない異様な臭いもまた、その街固有の匂いかもしれない。これらが深く微妙に入り交じって、その国の朝の匂いになっている。この言いようのない奥深さを堪能しないのは、旅人の特権を放棄したも同じだ。

先に書いたように、これらのいつまでも心に残る異国の匂いを堪能できるのは、到着当初の数日間だけだ。そう思えば寝坊などしていられない。ダラダラするのは後にして、初日の朝は宝物を拾う気持ちで足を動かしたい。

時差を活用しよう

……とこのように偉そうなことを書いているが、正直に言うと僕は朝が非常に苦手だ。子供のころから早起きが苦痛で、夏休みのラジオ体操にもほとんど行けた記憶がない。幼いころから血圧が低くて、スカッとさわやかに起き上がることができないのだ。それで周囲から「さぼっている」だの「ナマケモノ」だのと散々叩かれたが、この傾向……というよりは体質なのだが、これは大人になっても変わりがなく、いまでも午前八時に起きるのがやっとという具合だ。

それがアジアに赴くと、ちょっとばかり改善される。というのも日本は世界で最も朝の早い国のひとつだからだ。世界で最初に朝が来て、それから西に向かうにつれて一時間ずつ遅れながら陽が昇る。この恩恵により、東南アジア方面に行くと無理なく早起きができてしまうのである。

日本との時差は、香港までは一時間、それより西は二時間となる。ベトナム、カンボジア、タイは日本と二時間の差だ。

この時差のおかげで、日本では苦痛の午前八時起床を常とする僕であっても、タイでは午前六時の起床が可能になる。すがすがしい朝の散歩が、あるいはラジオ体操ですらも、気力を振り絞らずに実現できるのだ。

もっともこれも体内時計が狂っている間——いわゆる時差ボケの期間——に限っ

て可能なだけで、嗅覚と同じように日にちが過ぎると、現地の時間感覚に沿って体が動くようになる。つまり、午前八時にならないとベッドから起き出る気力が湧かなくなってしまうわけだ。

勝負は調子が狂っている間……というのも変な話だが、実際そうなのだからしかたがない。だから到着から数日間は、腕時計より自身の体内時計を信じて行動するのが好ましい。そのほうが未知の世界に無理なく触れることができる。

開いているのは寺院と市場

ただし、どこに行ってもいいわけではない。朝の早いアジアでも、早朝から開いているのは寺院と市場くらいのものだ。散歩するなら、そこを目ざして歩いていこう。

タイであれば、見つけ出すのに苦労はいらない。少ない人の流れをたどっていけば、必然的に寺か市場にたどり着けてしまう。町が小さければ小さいほど、それが村程度の規模になればなるほど、そこに至る道は簡単に見つかる。

ところで、ここでもひとつ記述上の注意だが、僕は「街」と「町」を区別して書いている。基準は規模で、

都市＞街＞町＞村

……と思っていただくことにしたい。それぞれの漢字が持つイメージを意識して読んでいただくと、雰囲気と空気がさらに身近にできるはずだ。

話はそれたが、タイの仏教僧侶の一日は托鉢から始まる。彼らは本堂で夜明け前の読経をすませると、鉢を持って外に出ていく。市民からの喜捨を受けるためだ。

東南アジアで主流の上座部仏教では、僧侶たちは素肌にオレンジ色の僧衣をまとう。まだ暗さの残る街並みを歩く彼らの足元は裸足だ。その訪れを待ちわびるかのように、人々は供え物を手に待機している。手にした鉢に納められる大量の供物は彼らの信仰の深さを表している。

修行僧の多い大きな寺院の周辺では、托鉢に出る僧侶たちの大行列を間近に見ることができる。

タイではないが、最も大規模なのは、ラオスの中部、町全体が世界遺産に登録さ

托鉢する僧侶と迎える庶民（ルアンパバーン）

れているルアンパバーンでの托鉢だ。僧侶たちの行列は、ここでは一〇〇メートル以上にも達する。寺にこもって修行する僧侶がそれだけ多くいるわけだ。

朝靄の中、街のあちこちの寺院から滑るように現れ出てくる行列はまるで幻想の世界のようだ。これがルアンパバーンの名物になっていて、世界中から集まった観光客がこの光景を見物する。観光客の数は僧侶たちの数十倍もいて、最近はやや見世物になっているきらいもあるが、この荘厳さには一度ならずも触れてみたい。

ここまでの規模でなくてもいいのなら、タイ（あるいはラオス）ではいつでも見ることができる。ただ普通に朝早く起きれば——少なくとも午前七時前に寺院の近くなどを歩いていれば——僧侶たちが日常として行っているこの一日に一度の仏教儀式に自然と遭遇してしまう。地方に比べると寺院の数が圧倒的に少ないバンコクでも、下町に行けば普通に目にすることができるだろう。

朝こそ市場に行ってみる

寺院と同様に朝が早いのが市場だ。業者のための市場が最も早く、これは深夜から未明にかけて開かれて、陽が昇りきるころには役目を終えている。夜明けごろから開くのは庶民のための市場だ。

市場が日本の街から消えて久しい。いまや食料品はスーパーやコンビニで買いそろえられる時代で、生まれてから一度も市場に行ったことがない日本人も珍しくない。あったとしても、そこは築地や豊洲や近江町のような名所も兼ねている市場だったりする。あるいはどこかの観光地の朝市かもしれない。

しかし、東南アジアではいまも買い物は市場でするのが常識だ。生鮮食料品は特にそうだし鮮度も高い。そこでは、スーパーでは見当たらない商品も多量に売られている。ガイドブックを開けば市場に行くことを奨励するページが必ず出てくる。そこは地元民でなくても行かなければならない場所、行くべき場所なのだ。

ただし市場の営業時間は、そこが主として取り扱っている商品によって違うので、行けばなんでも手に入るわけではない。

前述のように、生鮮物を扱う市場は深夜から早朝にかけて開かれる。続いて一般向けの市場が開かれ、これが営業を終えるあたりに衣類などを商う市場が開き始める。ここまでは地元タイ人のための市場で、飲食屋台が充実しているのはこれらの周辺だ。

一方、外国人観光客向けの土産物市場は団体ツアーが終わる午後から深夜にかけて開かれる。調理が必要な生鮮物はなく、商品の価格は総じて高い。見物にはいいが、無理して行ったり買ったりする必要はないだろう。

到着最初の朝に行きたいのは、一般消費者向けの生鮮市場だ。文字どおりの朝市が、そこに広がっている。

もっとも行ったところで観光旅行者が買えるものはほとんどない。一般向けとはいえ、肉や野菜はキロ売りが基本だ。魚もほとんどが尾頭付きのままで、下ろしてはくれない。さらには、それらを買って帰ったところで調理する場所がない。ホテルにはキッチンが備わっていないからだ。

ホテルという施設には、室内はもちろん共用であっても調理スペースがない。サービスアパートと呼ばれるキッチン付きの宿もあるが、部屋代は全般に高く、そこに一泊する予算があれば、バックパッカー向けの安宿に一週間は泊まることができる。自炊するためにそんな出費をするのは、それが旅の目的でない限りは本末転倒だ。

なので、ここでは見学だけにしておき、朝食として手軽に腹を満たせるものを探すことにしたい。

本書の冒頭に書かれているように、気温の低い季節であれば、湯気を目指して歩を進めるのがいい。そこではなにがしかの温かいもの——調理または加工されたもの——が売られている。刺激的な香りが漂ってきたら、そこでは作りたてのタイカレーが売られているはずだ。煮込んだ粥やスープを張った麺も、あるかもしれない。

市場の朝はどこに行っても早い

鮮度の高い食材は市場で買い求めるのが常識

コーヒーの香りもいい目印だ。

市場内や周辺の食堂は買い出しに来た商売人の小腹を満たすために用意されていて、本格的な食事は望めないが、そのスピード感こそ市場の命だ。なにも買う気のない客は、ここでまったく相手にされない。買い付け業者のフットワークそのままに、軽快に出入りするのが基本中の基本だ。

必要なグッズを買い求めて
旅の準備は旅先で整える

今回が初めての海外旅行、またはバックパック旅行という人は、今日という日から第一歩を踏み出すことになる。びくびくするのもあたりまえ。慣れない世界に身を投じ、未体験の日々が始まるのだから、震えを感じないはずがない。緊張しているかもしれないが、この感覚は大切にしたい。これは一度の人生で再び得ることができない貴重な感覚なのだから。

旅の必需品を買いそろえよう

異国の空気、そして街と人に慣れるために最初に行いたいのはショッピングだ。

といっても、いきなりおみやげを買い込むわけではない。それは最後に、まだ手持ちの金が残っていたときのことにして、まずは日本から用意してこなかった生活必需品を買いそろえたい。

両替所に行く必要があるなら、その前に行っておこう。銀行の両替窓口のレートは民営の両替所より悪いものだが、それでも空港の両替所よりは格段にいいはずだ。

クレジットカードの利用は市場や路上の屋台では無理だが、スーパーマーケットやコンビニなら使える。ただし、最低利用金額（日本円で一〇〇〇円から一五〇〇円以上）が設定されていることもあるので、まとめ買いするときに利用したい。

さて、旅と生活が一体となっているバックパッカーの必需品は、日常生活の必需品でもある。海外を旅しているからといって生活必需品まで変わることはない。バックパッカーだから髪をシャンプーではなく石けんで洗ったり、水だけで衣類を洗わなければいけない義務はない。すべてこれまでどおり、日本で続けていたとおりにすればいいのだ。

なので最低限必要になるのは、次のものだ。

・洗面用具（歯ブラシ、練り歯磨き、ひげそりなど）
・入浴用具（石けん、シャンプー、ボディタオルなど）
・洗濯用具（洗剤、物干しロープ、洗濯ばさみなど）
・文房具（メモ帳や筆記具など）
・飲料水（水道水は飲用しないほうがいい）

これらの商品はコンビニでも購入することができる。品揃えはコンビニよりショッピングセンターのほうが豊富だが、コンビニ商品の美点はお一人様用サイズが用意されていることにある。シャンプーや練り歯磨きなどがミニマムサイズから売られており、荷物にしてもかさばらず、バックパッカーには最適なのだ。

これらをすべて一度に買いそろえる必要はない。よほどの田舎に行かないかぎり、タイの町には二四時間営業のコンビニがある。なければ代わりに雑貨屋があるはずだ。そこで探して見つからなければ、大きな街に出たときに買えばいい。それくらいの不便など、不便のうちにも入らない。

このようになんでも手軽に、いつでも、さらには安く手に入るのがタイという国

タイのショッピングセンターの物量は圧倒的だ

のよさでもある。最近はベトナムやカンボジアでもコンビニが加速度的に普及しており、おかげで旅の初心者でも困ることはほとんどなくなったが、かつては不便を楽しむのがバックパック旅行の楽しみでもあった。不便を感じれば感じるほど遠くへ来たような気にさせられて、孤高の気分を味わえたものだが、それもいまでは懐かしい思い出だ。

このあたりは痛し痒しだが、重要なのは世界のどこに行ってもこうだと思い込まないことだ。世の中は不便であたりまえ、便利さは浮き世の幻くらいに思っていたほうが苦労しないし、どこに行ってもしっかり旅を楽しむことができる。

服や下着も買ってしまおう

コンビニは衣料品を扱っていないので、これらはショッピングセンターや市場で買いそろえよう。タイは衣類の生産国でもあるので、種類も豊富でやはり安い。

・服（上・下）

・下着
・靴（サンダル）
・帽子

これらは市場でも買えるし、路上屋台でも売られている。ただし、価格は安いが質も悪く、激しく色落ちもすれば耐久力もあまりない。それでも使い捨てと割り切れば、実用性は十分だ。

バックパッカーに必要なグッズにはタフさが求められることもあるが、高価でしっかりした商品よりも、どこでも手に入るありふれた商品のほうがいいこともある。

たとえば、そのほうが強盗や窃盗の被害に遭いにくくなる。犯人側にすれば、安価な衣類を着崩したバックパッカーを狙うより、外国製品で着飾ったピカピカの観光旅行客を狙ったほうが犯行時の利益率が高まるからだ。

また、まれにバックパック旅行＝タフな旅路と連想してか、まるで戦地にでも出征するようなヘビーデューティ装備で身を固めている強者を見ることがあるが、一般的な旅においては、そこまで暑苦しくなる必要はない。頑丈さや耐久性よりも軽さや涼しさを優先させたほうが、焼けつく市街地を歩く際には有効だ。

こうした現実を頭に入れたうえで、身に付けて恥ずかしくない衣服を、下着も含めて数日分（数着）買っておこう。

不思議なもので、現地の服や日用品を身に付けると感覚の現地化が早くなる。結果、取り巻く環境への溶け込みにも違和感がなくなり、地元の人たちからの好感も得やすくなる。

逆に言えば、外国人らしさを維持したければ日本から持ち込んだものを身に付ければいいわけで、周囲から注目を浴びたいのなら、そうすればいい。ただし、前述のように強盗や暴漢の目も惹きやすくなるので、そのあたりの用心は絶やさないようにしたい。

用心と言えば、これらのほかにもうひとつ、あると重宝するのが南京錠だ。バックパッカーなら適度な重さの頑丈なものをひとつ、手元に置いておきたい。

バックパッカーが利用するレベルの安宿では、チェックイン時に渡されるドアの鍵のほかに、自前の南京錠をサブでかけられるようになっていることが多い。古い、あるいは安普請で鍵のかかり方に不安を覚える部屋に案内されても、南京錠が手元にあれば、安心して外出することができる。

一〇〇円ショップで売られている番号式の鍵でも、あるとないとでは大違いだ。その気になれば簡単に壊せるし、プロでなくてもはずせたりするが、犯罪の抑止には十分以上の効果がある。これは持っているとなにかと安心の必携旅グッズでもある。

いい機会だから、これらの買い物をしながら、必要となるもの以外の商品の価格にも目を向けておこう。

衣類や小物類なども、標準価格を知っておけば、同じものが観光地の屋台でどれだけ高く売られているかが、すぐにわかる。知らなかったら足元を見られ、非常識なほど高い値段で買わされるだけだ。

SIMカードを買ってケータイを利用しよう

引き続いて購入したいのはＳＩＭカードだ。これを手持ちのケータイに差し込むことによって、タイ国内での通話とインターネットへのアクセスが可能になる。LCC（ロー・コスト・キャリア＝格安航空会社）や宿泊施設の予約、事前情報の収集、緊急事態の連絡手段としてケータイは現代のバックパッカーにとって欠かせない必携グッズだから、まずはこれを使えるようにしておきたい。

このSIMカードの最も身近な入手先はコンビニだ。カウンターでスタッフに購入意思を伝えれば、

・何時間使いたいか
・あるいは何日間使うか
・キャリア（通信会社）はどこがいいか

と問い返してくるので、希望（利用期間または時間）を伝えればいい。ネットへのアクセスが何時間分可能かどうかも、このときしっかり確認しておこう。

キャリアについては正直どこでも似たようなものだが、タイであれば大手のAIS（エーアイエス）、dtac（ディータック）、True（トゥルー）を選択して

おけば間違いない。購入に必要なのはパスポートだけだ。

外国人が購入できるＳＩＭカードは、月末締めの引き落とし式ではなくプリペイド式に限られている。最初にある程度の金額分（利用時間）が入っていて、足らなくなったら必要な分だけチャージして利用すればいい。

チャージ——正しい英語的には「トップアップ」——はコンビニの前など人の集まるところに置かれている公衆電話機風の自動チャージ機で行えばいい。これに自分のケータイ番号（ＳＩＭカードに振り当てられている番号）を打ち込み、追加し

足りなくなった通信費をチャージする町角チャージ機

SIMカードは使い捨ての電話番号とともに販売される

たい分の紙幣を挿入すれば手続き完了となり、操作の終了後から即時に利用が可能となる。操作がうまくいかなかったらコンビニに入って、購入時と同じようにカウンターでスタッフにチャージの意思を告げればいい。レジを利用して、その場で代行してもらえる。

注意すべき点は、このお手軽ＳＩＭカードを使えるのはＳＩＭフリーのスマートフォンだけであることだ。日本で数年前まで主流だったキャリアの乗り換えができないタイプのスマートフォンにはＳＩＭカードを差し込む場所がないので使えない。このタイプの機種を持っていないのであれば、スマートフォンごとＳＩＭカードを買ってしまうのもいいアイデアだ。

そういう人たちのために、手軽な価格のスマートフォンがＳＩＭカードとセットで売られている。コンビニに行けばレジ裏のタバコの横に並んでいるくらいで、まったく特別なものではない。値段は三〇〇〇円前後からあり、商店街のケータイ専門店でも路上のケータイ屋でも売られている。そう、東南アジアではケータイもスマホも路上で買うことができるのだ。

性能や機能は値段なりだが、これらは日本に帰ってからもＳＩＭフリーのケータイとして使えるので、使い捨てというほどには無駄にならない。旅先で目覚まし時計を買うよりも、ずっといい買い物になる。

旅人たちの身だしなみ

新鮮な朝の空気が「いつもの匂い」になり、気になる時差ボケも修正されてきたら、体がその国に馴染んだ証拠だ。そこから先は大胆に、本格的に街に出たい。いやその前に、まずは身なりを正してみよう。せっかくだからバックパッカーらしい服装に着替え、大きく胸を張って新しい世界に踏み出すのだ。

基本的に暖かい東南アジアの旅では服にこだわる必要がない。年中夏のような気候なので、薄着でも十分だ。季節を選んで旅しない限り、重ね着する必要もない。洗濯も簡単だから大量の着替えも必要なく、荷物が大きくなることもない。さらには衣料品そのものが安いので、着るものにはまったく困らない。

ただし、東南アジアの人たちは人を見かけで判断する。汚い服を着ている人は「不潔でだらしなく」「一般常識もなく」「まともな教育を受けていない」から「待遇のいい職に就けていない」……つまり貧しい人間だと判断してしまうのだ。まったくの偏見かもしれないが、それがこの地の常識でもあるので、逆らってみたところで意味はない。

だから、彼らにそう思われたくなければ、身なりと服装には注意を払いたい。そこには人相とともに、人間の本性が現れ出る。服そのものにこだわる必要はなくても、服装や着こなしへのこだわりはあってもいい。

かなり前の話だが、現地の人に失礼だからという理由でネクタイをしていたバックパッカーに出会ったことがある。礼儀をわきまえているのは理解できたが、異彩を放ちすぎて地元の人たちも対応に困っていた。

これは極端すぎる例だが、ひとり旅であっても無人の地を行くわけではなく、周囲には誰かがいる。鏡を見るようにまわりの人たちの表情を見て身だしなみを確認するのは、自身の正気を保つためにもいい方法だ。

旅慣れた威厳と貫禄は、メリハリのある清潔感から生まれてくる。九〇年代の初めのころ、暑く乾いたカンボジアの荒野で、くたびれたヒッピーそのものの空気を全身から放っている高年齢の外国人バックパッカーが、そのポケットから清潔なハンカチを取り出して額の汗を拭っている姿を目にしたとき、格の違いを感じてしまった。「清潔なハンカチ」というワンポイントの美意識が、ほかの汚れきったバックパッカーたちと一線を画していたのだ。

汚いのは論外だ。「バックパッカーはヒッピーに近い存在だからルーズな服装でかまわない」と考えてしまいがちだが、「汚い」と「汚らしい」はまったく違う。それは「節約」と「吝嗇（＝ケチ）」ほどに差のある勘違いだ。

さらには「汚い」に加えて「臭《くさ》い」だったりすると、話にもならない。タイ人は特に臭いにうるさく、体臭がきつかったり汗臭くすえたニオイのする人間を極端に嫌うからだ。

たとえばタイでは、くしゃみは「近くに風呂に入っていないやつがいる」のサインになるという。ただの迷信と言えなくもないが、なんでもないところで相手がくしゃみをしたら、着ている服が汚臭を放っていないかチェックしよう。

着古して薄汚くなった服は、見方によれば格好良くもなるが、臭かったらすべてが台無しになる。自身の服と体の匂い（または臭い）を気にする習慣は、日本を旅立つ前から身に付けておきたい。

着替えと洗濯

臭いの話が出たが、よくある勘違いのひとつに、

「東南アジアは発展途上国だから全体に不潔だろう」

との考えがある。だから自分たちが不潔な格好をしていても、たとえ少々臭っていても平気だろうと判断してしまうわけだが、これは完全な間違いだ。

バックパッカーだからといって意識的に薄汚れた服装になる必要はない。長く旅を続けた結果としてそうなるだけで、それを着たからバックパッカーになるわけではない。だから現地で新しい友達を見つけたいなら服は洗剤を使って洗い、できるだけ屋外で干すこと。それだけで周囲の印象は大きく違ってくる。

面倒かもしれないが、旅に出たら、洗濯しないわけにはいかない。そうやって事前にバックパック旅行の模擬練習（イメージトレーニング）をしてみるのも、あとでしっかり役に立つ。旅慣れたバックパッカーは、身のまわりの整え方も手際がいいものだ。

汚い服装は、なにより現地の人たちに失礼だ。彼らに嘘偽りのない笑顔を求めて

いるなら、身のまわりの清潔さにはこだわりを持ちたい。

なにも難しいことはない。汗と埃で汚れた衣類などは、コインランドリーなどを利用して洗えばいい。昔はバスルームで手洗いするか、近場の洗濯屋に持って行ったものだが、最近はどこの町に行っても見つかるし、常備している宿も増えてきた。

洗濯屋も健在で、いまでもキロ単位で洗濯から乾燥までしてくれるし、頼めばアイロンも当ててくれる。下町にはたいていあるので、見つからなければ宿のスタッフにたずねてみよう。節約重視のバックパック旅行といえども、自分で洗っている時間のないときや天候の悪いときには、出費以上の価値があるはずだ。見つけにくいのはクリーニング屋だが、それが必要になるバックパッカーなど聞いたことがない。

洗濯は自分でしてもいいし洗濯屋に頼んでもいい

雨季を除けば、東南アジアは毎

日が洗濯日和だ。朝起きてから洗って干せば、午後にはすっかり乾いている。だから僕は洗濯日——つまりは旅の休息日——は屋上や中庭のある宿を選ぶようにしている。

長期にわたる旅をする場合、僕は七日分の衣類をバックパックに詰めていく。ハードな移動や観光に六日間使い、七日目は休養と洗濯に当てるのだ。七日分と聞くと多いようにも思えるかもしれないが、熱帯の地では服と下着だけのこと。どれも薄手だからかさばらないし、足元はサンダル履きなので靴下もない。

食べて寝て、洗濯しながら移動する。こうしてみると、バックパッカーとは「生活しながら旅をする人」であると言うことができる。旅する日々が日常になったら、それは生活になるのだ。

バックパッカーになって変身願望を実現する

違う自分になってみる

バックパッカーになるためにはバックパッカーとしての心構えを持つことが必要だ。

といっても、そんな決まりもルールもない。そもそも型にはまるのを嫌い、自由を求めて世界に飛び出したのがバックパッカーだ。いきなり型にはまるのでは話がおかしいのではないか。

しかし、この手の旅が初めての初心者バックパッカーであれば、あえて型にはまってみるのもおもしろい。型にはまって「いつもと違う自分による、いつもと違う旅」を始めるのだ。

真のバックパッカーになるには時間が必要だ。長い時間をかけて、長い距離を移動しながら新しい発見を探し求める……それこそがバックパッカーの本質だが、時間は貴重であり有限だ。輝ける未来しか持っていない若者たちは別にして、そうでないなら中間を飛ばして、できるだけ一瞬で「本物のバックパッカー」になってみたい。

そうなることによって得するものは現実的にほとんどないが、旅の内容や充実感は気分で大きく左右される。自分はすでに本物のバックパッカーだと思えば、なにか通常では得られない夢と希望と未来が目の前に待ち構えているような気になるはずだ。

黒ずくめのスーツを着るとアメリカの秘密工作部員になれたように思えてくる、あるいはストライプの入ったダブルのスーツを着ると身も心もヤクザの幹部になったような気がしないだろうか。それらと同じで、くたびれたヒッピーっぽい服装をして大きな荷物を背に負えば、それだけで旅慣れた熟練のバックパッカーになれたような気になるものだ。

ただ、それだけではおもしろくない。この際だから、思考の経路を変えてみて、外見だけでなく体の内側からバックパッカーになりきってしまおう。知性も教養も、内側からにじみ出てきてこそ本物だ。この機に僕たちも、にわかでもニセモノでもない本物のバックパッカーになってみようではないか。

そのためには、今日から行動と考え方を改めなければならない。

変身する快感

日常生活から脱却する方法……それは「変身」だ。旅は日常から脱却する方法のひとつだが、この機会に思いきり別人に変身するのも一興だ。

旅先では、毎日新しい出会いがあり、別れがある。名前も知らない人たちと出会い、別れることの繰り返しが「バックパックを背負った旅」の本質でもある。それが旅の日常だが、バックパッカー同士の人間関係は濃いようでいて薄い。

「またどこかで」

「いつか日本で」

これは一般的なバックパッカーの別れの言葉だ。しかし、本気で再び会えるとは思っていない。実際、なんらかの偶然以外で再会することなど、ほとんどないだろう。

そうなれば偽名を使ってみるのもおもしろいかもしれない。タレントに芸名があるように、旅人に旅名があってもいいのではないか。

別人になる快感――これこそが旅人の最大の特権だろう。旅人はよく「自分を探すために旅に出た」と言うが、自分ではない誰かになったほうが客観的な視線を得られ、真の自分自身を見つけやすくなる。これを活用しない手はない。

二〇世紀末ごろの脱日本ブームで東南アジアに向かったバックパッカーには、この手の人たちが大勢いた。

「僕のことはジョニーと呼んでください」

とか、

「ここではトシということにしています」

と、彼らはさらっと言いのけてしまうのだ。それ以上はなにも言わず、名字も本名もわからない。

名乗られたこちらも深くは詮索しない。もとよりバックパッカーは表だって相手の過去を詮索しない人間たちだ。自身も含めてほとんどは、仕事や家族や社会的義務を放り出して旅に出ている。その事実を突かれるのは楽しくないし、不愉快でもある。

しかし、こちらが突っ込まなければ、相手もそこには突っ込んでこない。親しき仲にも礼儀ありで、近くて遠いのがバックパッカーの人間関係なのである。

僕自身も、旅先で真っ先に名を名乗ることはなかったし、いまでもない。問われれば答えるが、自分から言ったところで意味もない。コミケに集まる趣味人が互いを「オタク」と呼び合うようなもので、旅先では真の名前など必要ないのだ。

犯罪者でも逃亡者でもないので本名を名乗っても問題はない。しかし、こうやって別人になってしまうのも楽しいものだ。国際的なスパイが偽名を使いまくるのと同じで、名前を少し変えただけで旅に不思議なスリルと緊張感が加わる。それは立ち食いそばに七味を振りかけるのにも似た、ちょっとした刺激の追加なのだ。

髪を切れば、現地にもっと溶け込める

名前を変えたら外見もきっぱり変えてみたい。これは現地の市場や露店で買いそ

ろえた衣類を身に付ければなんとなく変わるが、それで物足りなければ散髪屋に行ってみることだ。僕自身の体験で言わせてもらうなら、それが最も簡単に地元の人間になる方法だったりする。

理由はよくわからないが、散髪屋で髪を切ったその日は確実に地元の人間に間違われてしまう。旅行中はついつい伸ばしたままにしてしまう無精ヒゲを剃り上げて、妙にこざっぱりした顔になったときもそうだ。その日はやたらと現地語で話しかけられたり、道を聞かれたり、老人がさりげなく時間をたずねてきたりする。根本的になにかが変わったわけでもないのに、なぜか彼らはこちらを地元の人間と思い込んでしまうのだ。

女性に聞いても似たような体験談が返ってくる。現地の美容院でおまかせの髪型にすると、ほとんどの場合はこちらが求めていたイメージとかけ離れたものになるが、そのかわり現地の男性たちから注目され、盛んに声をかけられるようになるのだそうだ。

不思議なもので、タイではタイ人に、ラオスではラオス人に、ベトナムではベトナム人に思われる。きっと、その土地に合わせた微妙なスタイルの違いがあるのだ

思いきって現地で流行の髪型にしてみるのも楽しい

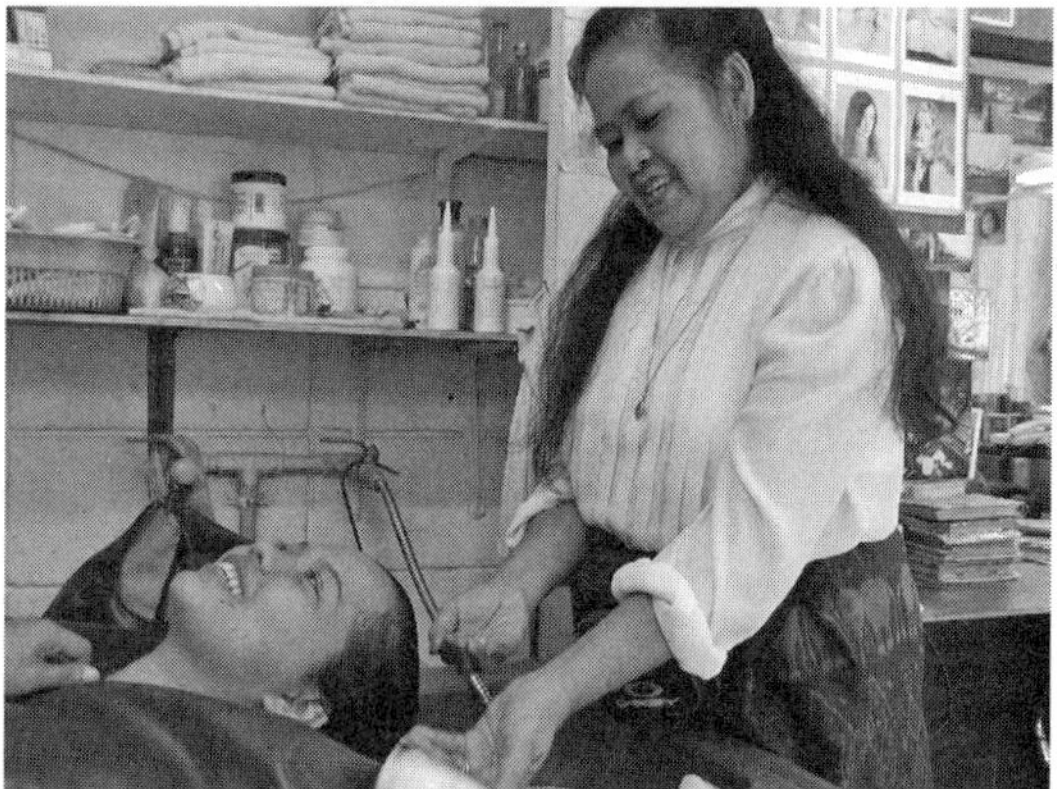

美容院では洗髪だけの利用も歓迎

ろう。さすがにインドでは厳しかったが、中華系の国民があふれている国々では、日本人はどこの国の人にもなれるはずだ。

髪型が変われば、その上に載せる帽子も気になるが、スパイ映画では必須の変身小道具であってもアジアではあまり活躍しない。暑くてもかぶらないほうが、なぜか現地人っぽく映るようだ。

神仏の宿る場所なので、タイでは頭になにかを載せるのは不謹慎だとも言われている。ただし農作業などでは普通にかぶっているので禁忌というわけではない。ベトナムではむしろ、外出時には帽子をかぶるのが常識だったりする。

では日差しの強い暑い日に、タイ人がどうしているかといえば、日陰で動かずにじっとしている。そして陽が落ちて帽子の必要がなくなったら外に出る。絶対にそうしているわけではないが、それが人間というものだと彼らは基本的に思っているし、一昔前の小学校の教科書にはそう書かれてもいた。

だから、暑い日に平然と表を歩いていたら、それは外国人ということになる。頭に帽子を載せていたら、かなりの確率で間違いない。

現地人に変身したかったら、そうした無謀な行動は避け、日中は涼しい場所で暖ではなく涼をとることにしたい。

そうやってだらだらしていると、そのうちに周囲からこう言われるだろう。

「君は本当に日本人なのか?」

それを讃美と取るか、忠告または警告と受け止めるかは、それぞれの旅の目的によって決めることにすればいい。

カオサン通りの変遷
まったく性格を変えてしまった国際ストリート

「カオサン通り」という地名を耳にしたことはないだろうか。バックパッカーとしてタイに行くと言えば、誰かが必ずこう言い返すはずだ。

「だったら、とりあえずカオサンに行けば？」

そこは「バックパッカーのたまり場」であり、人によっては「バックパッカーの聖地」とまで讃《たた》えるかもしれない。二〇世紀に旅をしたバックパッカーなら、行くどころかそこに宿を取っていたはずだ。そうして表のテーブルでビールを傾けながら、静かに旅の思い出話を交わし合ったはずだ。

——そう、静かに。

しかしいま、二一世紀に入って久しい現代では、この通りで静かにくつろぐことなど不可能になっている。特に夜は騒音に近い音楽と通りを埋めつくす大勢の人出に阻まれ、バックパックをかついで歩くのをためらいたくなるほどだ。

実際、夜間にそんなことをしでかせば、周囲から迷惑千万のまなざしを向けられる。あるいはそれは哀れみの目——場違いなところに来ちゃったね——かもしれない。

ここはすでに「バックパッカーの聖地だった街」になっているのだから。

カオサン通りの現在

現在のカオサン通りは、昼間と夜で性格と雰囲気が大きく変わる。

昼間は路上に屋台が出ておらず、人通りも少ない。歩道上の露店も出店が規制されているので、通りは思ったより広く見える。車の行き来もあるが通行量は少なく、全体に眠ったようなのどかさがある。

それが一転するのは、陽が落ちてこの通りが歩行者天国になってからだ。

歩道上は露店で埋まり、車が通らなくなった道路には屋台が出る。露店と屋台の違いは、露店は固定式の屋外商店、屋台はタイヤ付きの移動商店と考えればいい。最も歩きにくいのは週末の金曜と土曜の夜で、ここに給料が出たばかりの月末が重なると、午後九時以降はまっすぐ歩くのがほぼ不可能なほどの人出となる。集まるのはタイ人と外国人が半々か、タイ人のほうが多いくらいだ。

彼らタイ人が目ざすのは、この通りに集結しているクラブだ。大音量の流れる暗い密室型の店で、酒を呑んでその場で踊る。午前一時以降は酒類の販売が禁止となり、パブ、バー、クラブも閉店となるので急激に人の波は消えてしまうが、それまでは乱痴気に近い狂乱がはてしなく続く。

通りも店内もまるで「危険薬物でもやっているのか？」と危惧したくなるほどの騒ぎぶりだが、実際にそういう人たちも大勢いる。昔からカオサンはそういう通りだったが、ドラッグをたしなむのは外国人のバックパッカーと地元の不良たちだけだった。それがいまでは、タイの普通の若者たちがファッションのつもりで飲み込んで——最近のドラッグは注射ではなく服用だ——ラリってうつろな目になっている。

一〇年以上のブランクを空けてここに来た旅行者であれば、現在のこの騒乱状態

陽が落ちるとともに屋台が出てにぎわい始める

に愕然としてしまうだろう。歩行者天国の縁日か、あるいは管理された観光名所に来てしまったような、そんな徒労感と失意を覚えるに違いない。

九〇年代、バンコクを訪れるバックパッカーにはふたつの派閥があった。チャイナタウン派とカオサン派の二派で、どこに好んで荷を置くかで旅のスタイルと過ごし方が変わっていた。僕の場合はカオサン派で、八〇年代から九〇年代にかけての一〇年以上、この通りを起点にアジア全体を回り続けた。ゲストハウスがまだ数軒しかない黎明期から知っていて、人並み以上の愛着も持っているが、それでも最近は距離を置きたい気持ちになっている。

伝説のカオサン通り

カオサン通りに関しては、いまも「バックパッカーの聖地」という決まり文句が使われているが、こうした現実を知っていたら、そんな言葉など口にできない。平気で使っている人がいたとしたら、実際にその目で見たことがない事実を証明しているようなものだ。あるいはカオサン通りそのものを、まったく知らないのかもしれない。

バックパッカーはいまもたしかに集まってはいるが、この状態を聖地と呼ぶのはどうにも厳しい。満月の夜に南の島でバックパッカーを集めて行われる盛大なフルムーンパーティという名のレイブを連日連夜再現していると思えば、ここは「バックパッカーの街」であるのかもしれない。ただ、それならすべてのディスコやクラブが彼らの聖地になってしまう。

それとも「バックパッカー」の意味そのものが変化したのだろうか。僕たち古い時代のバックパッカーが知らないだけで、現代では静かに向かい合って語らい合うのではなく、三〇センチ離れた互いの声すら聞き取れない轟音の中で叫びあうのがバックパッカーの生態になっているのかもしれない。

このような我を忘れて大騒ぎするパーティは以前からあった。数十年前であれば、そこはインドのゴアだった。現在のタイ国内であれば、パンガン島になるのだろうか。しかし、そこでも島内が無礼講になるのは満月の夜くらいだ。

現在の夜のカオサンを表現するなら「屋外レイブ会場」または「青天井ディスコ」と言うしかない。いまを旅するバックパッカーたちは、こんなものを求めているのだろうか。あまりに大きく変わりすぎて、もはや当時を懐かしむことすらできない。

日本には「カオサングループ」という名前の日系バジェット系ホテル・チェーンがある。これはカオサン通りのにぎやかな国際性にあやかるために付けたという話を以前の経営者から聞いているが、それはたぶん九〇年代後半のカオサンを言っているのだろう。

その時代のカオサンといまのカオサンは、まったく別物になっている。にぎわいだけは当時以上だが、雰囲気も性格もまるっきり変わってしまった。彼がいまのこの通りを見ても同じ名前を付けたかどうか、そこまではもはや知る由《よし》もない。

タイ国内でここと比較できるのは、東のパタヤーのウォーキング・ストリートか、南のプーケットのバングラー通りくらいだろう。どちらも旅の名所として見ておきたい場所だから、カオサンも一度は行ってみたい。

しかし、本物を目指すバックパッカーなら、何度も行く必要はないかもしれない。いまやカオサン通りは政府観光庁が推薦する観光地にもなっている。バンコク都庁の肝煎りでナイトバザール向けの改修工事が行われ、屋台もすべて登録制になった。お仕着せのツアーに飽き足らなくて旅を始めたバックパッカーがじっくり腰を下ろして居座る場所ではないのだ。

バックパッカー向きの服を買うならここで

しかし、にぎわい以外にも、ここにしかないものがある。前項で解説した「バッ

有名になったカオサンパンツの発祥の地がここ

クパッカーへの変身グッズ」がそれだ。昼と夜とで性格が大きく違うと説明したが、昼のカオサンにはまだ新しい発見が残されている。

バックパッカー風のルックスにすぐにでもなりたかったら、ここで服を買えばいい。この通りの露店で販売されているルーズな衣類は一部で「カオサンルック」と呼ばれ、珍重されてもいる。ペラペラの薄い生地で作られたタンクトップ、派手な柄のバミューダパンツ、ローカルビールの商標をあしらったTシャツなどに代表される、この通り特有のファッションスタイルがそれだ。

そこには僕の知人のロンドンパンクの仕掛け人が、あまりの自由さに感銘を受けたほどの個性がある。ブリティッシュ・トラッド、ロカビリー、モッズ、パンク、テクノ、ニュー・ロマンティクスと渡り歩いたキングス・ロードのブティック経営者が「最後に到達した」と言ったのが、この通りにあふれる独自のファッションだった。衝撃のあまり彼は古巣のロンドンを捨て、アジアに移住してしまったのだから、どれほど強烈なインパクトだったかわかるだろう。

特徴はその極限なまでのルーズさだ。日本で着ると安っぽさを通り越して惨めさすら感じさせるが、このカオサン界隈で着ると不思議に周囲に溶け込んでしまう。都会的でもありながら南部のビーチや北部の山の中でも似合ってしまう多様性も頼もしい。

おまけに、そうでなければ意味がないのだが、安っぽいだけでなく実際に安い。というより安ければ安い商品ほどそれらしく――カオサン経由のバックパッカーらしく――なれてしまうのだ。

最近は象柄のロングパンツが日本人観光客の間で「タイパンツ」「象パンツ」「カオサンパンツ」と呼ばれ、土産物として積極的に買われてもいる。これらの着心地、穿き心地は、身に着けた者にしかわからない。その快適さは衣類のそれを超え、タイそのものの居心地のよささえ感じさせてくれる。

これらはほかの場所、たとえばショッピングセンターや市場では探しにくい。どこにでもあるようでいて、意外とここカオサンでしか買えなかったりする。

商品は夜でも売られているが、大勢の人出と屋台で品定めがしにくいので、買うならできるだけ昼間にしたい。そしてその場で身に着けて変身しよう。自由を満喫する、カオサン帰りのバックパッカーに、外見から変化するのだ。

ただし、気をつけなければならないこともある。このカオサンルックの注意点は、バックパッカーの生息するエリア以外では非常に浮いてしまうことだ。

正直、これは礼儀正しい服装ではない。暑さゆえにラフな服装が許されるアジアでも、かなり場所を選ぶファッションだ。

高級ショッピングセンターの並ぶ繁華街では恥ずかしい思いをするかもしれない。役所や政府関係の施設では入口にはっきり「こういう格好の人はお断り」とイラスト入りで表示されているので、最初からこれを選ぶべきではない。

格式の高いホテルでは「ほかのお客さまの迷惑になる」との高邁な理由で、ドアマンや警備員から入館を拒否される屈辱を与えられることもある。

しかしそれは一方で、旅慣れた本物のバックパッカーとして周囲から認められた証しでもあるのだ。

旅人は、このファッション——カオサンルック——を体の一部にすることにより、俗世間から離れた世界の住人となるのである。

ルーズなシャツもこの地の名物商品

バックパッカーの言葉
共通語は英語だ

ブログや書籍で他人の旅行記に目を通していて最初に気になるのは、

「この人はいったい何語で現地の人たちと話をしているのか？」

ではないだろうか。

その土地に縁のない人であれば、それはたぶん英語だろう。英語の通じる国か、あるいは英語の通じる相手と話している。そうでなければ相手の身振り手振りを言葉に超訳して書き付けているのではないだろうか。

その方法は非常に有効だ。コミュニケーションで重要なのは互いの意思の疎通である。市場で買い物をするときも、通りで行き先をたずねるときも、とにかく「自分の思い」が伝わればいい。そして返ってくる思いが理解できればいい。そこに言葉がなくても、通じ合っていればそれでいいのだ。

しかし、世の中はそう単純なものではない。現実的に身振り手振りで通用するのは「おいしい」「痛い」「眠い」くらいで、それだけでは最低限以下の意思伝達しかできない。年齢で言えば三歳児以下のレベルだろうか。そのあたりの年齢の子供の前に、いったいどれくらいの世界が広がっているかを考えてみたい。そうすれば、目に見える範囲より広い世界を知ることなど、とうてい望めないことがわかるはずだ。

——パントマイムの能力を磨くべきだろうか？

いや、そんな努力をするくらいなら、思いきって外国語を学んでみるべきだ。いまは海外に出ているのだから、とりあえずこの機会に英語力くらいは身に付けたい。

英語は世界の共通語になりつつあるが、東南アジア諸国で英語の通じやすい国を並べていくと、

1・シンガポール　フィリピン

2・マレーシア　ベトナム

3・タイ　ラオス　ミャンマー　カンボジア

の順になると思われる。

すでに英会話能力を身に付け、アジアでそれを積極的に使いたいなら、この順番で旅していけばいい。

それに加えて、現地の言葉も学んでいきたい。どこかひとつの国の言葉を覚えれば、それが大きな自信となって、行動範囲はさらに大きく広がっていく。言葉はパスポートやビザと同様の意味がある、形を持たない入国許可証なのだ。

「言葉が通じなくても旅はできる」とよく言われるものの、実際は通じる言葉を持っていたほうがいい。

アジアを旅するバックパッカーの共通言語は英語だ。国籍の違うバックパッカー間や現地人とバックパッカー間は、通常は英語でコミュニケーションをとる。ホテル、レストラン、旅行代理店、空港でのチェックインなどでも現地語の次に使われるのが英語だ。そのため英語が話せなかったり理解できなかったりすると、どうにも楽しくないことになる。

よく言われているように「泳げなくても水遊びはできるが、泳げたほうが楽しみは広がる」のは真実だ。それと同じで、「英語ができなくても旅はできるが、できたほうが楽しみは大きく広がる」と、ここでは力強く書いておきたい。

旅をするなら英会話能力は必須だ。通訳やガイドの付かない旅をするバックパッカーであれば、必須のレベルはさらに高いものとなる。たとえ身に付けていなくても、この機に基本会話くらいはできるようになっておこう。

ただ、時すでに遅しとの考え方をする人もいる。学校教育であれだけ英語の授業を受けたのに身に付かなかったのだから、これから努力しても無理だというわけだ。その考え方は正しいし、否定もしない。しかしながら、あきらめてしまう必要もない。そういう人は英語を捨てて現地語を学べばいいだけだ。

もう一度ゼロからやり直すのであれば、無理して英語を選択する必要はない。それよりも自分の資質に合うと思った言葉をその場で選んだほうがいい。

幸い東南アジアで英語が第一言語なのはシンガポールだけだ。それ以外の国には、それぞれの国の言語がある。

現地語以上に通じやすい言葉は、その国にはない。行く先々で言葉を覚えていけば、日本に帰るころには周囲に自慢できるだけのマルチリンガルな人間になれているはずだ。

都合のいいもので、アジアの旅には語学を学ぶにおいて大きな利点がいくつもある。

たとえば日本語は日本でしか通用しないし、他国では応用も利かないが、その他のアジア言語はルーツが同じだったりする。例を挙げると、タイ語ができると兄弟語であるラオス語の理解が早くなる。タイ語とラオス語ができるとクメール語（カンボジア語）の単語がなんとなく理解できるようになる。マレーシア語ができれば隣のインドネシア語も普通にできる。日本人なら漢字は読めるが、その読解力を使って中国語に近いベトナム語の意味を読み取ることも現実的に可能だ。国境などは後から政治的に引かれたもので、言語はその上にあいまいに広がっているのだ。

僕の個人的な体験では、ベトナムの少数山岳民族であるタイ族との会話にはタイ語が使えた。ラオス山中のヤオ族との間では漢字の筆談が成立した。また首長族として知られるカレン・パドゥン族の女性たちとはラオス語で会話することができた。

首長族として知られるパドゥン族。女性の首だけが長い

もっとも世界的に稀少な民族として世界中のイベントを飛びまわっている彼女たちは英語もフランス語も大の得意であったりしたが……。

話を元に戻すとして、身辺は教室、周囲にいるすべての人が教師という環境など、そう簡単に得られるものではない。日本を飛び出し、日本語の通じない外国人や現地人に接する機会が飛躍的に増えたいまこそ、生きた外国語を身に付けるチャンスなのだ。

バックパッカーの食事
名物の屋台料理を堪能しよう

食事の心配はアジアの旅では必要ない。食べるものだけは豊富にあるのがアジアのよさ。しかも、なにもかもが安いのだから。

経済の発展に伴ってアジアの物価は目に見えて上がった。食費ももちろん上がったが、他の物品に比べればさほどではなく、日本と比較すればまだまだはるかに安いレベルだ。そこには政府の動きも加わっている。諸物価の値上がりは容認しても、家計に響く食材は価格調整されているのだ。

国民の生活を守るため、どの国も肉や野菜には指導価格を定めている。それらで調理された料理にも、だいたいの目安価格がある。高級レストランでいただく高級料理の値段は青天井だが、庶民が屋台で食べる料理は、外国人なら「安い」と言い切っていい金額で落ち着いている。

そういう料理を食べていれば、無駄な出費は避けられる。また、こういう料理はどこに行っても食べることができる。皿に盛られたご飯とおかず、あるいは一杯の汁麺などは、探す必要がないほどあちこちで目に付くし、口にもできる。よほどの田舎に行かないかぎり、朝昼夜に関係なく空腹をもてあますことはない。

資金に余裕のないバックパッカーは節約の旅を強いられることが多いが、アジアに足を踏み込んだら、ひもじい思いをする心配はまったくない。

本物のタイ料理はひと味もふた味も違う

害虫や残留農薬の関係で、タイ料理に使われる生鮮食材のほとんどが、日本国内に輸入できなくなっている。

日本のタイ料理店で使われている野菜や唐辛子を含むスパイスの大半は、日本国内で栽培されたものだ。それらはタイの市場で売られているものと似て非なるもの。もっと言うなら、姿形は似ているが味と香りが違う別物だ。

たとえばパクチー（香菜）だ。日本でもパクチーがブームとなり、あらゆる料理に使われるようになっている。レシピを無視した使われ方もして、本場のタイにも存在しなかったパクチー・サラダやパクチー・モヒートが誕生し、人気を博したりもした。

しかし、その手の新（珍）メニューをタイで試した日本人は、ほぼ全員が不快感をあらわにした。彼らが口にしたそれは、日本のパクチーとはまるで違っていたのである。

そのクセと香りは強烈で、サラダのようにして食べるなどは不可能だった。日本のタイ料理店でどれだけパクチーを食べたことがあっても、本場のそれはまったく別物だったのである。

このあたり、どれほど刺激的で強烈かは行ってからのお楽しみとしよう。こうした「現地でしか確かめられない真実」を求めて僕らは旅立っているのだから、これは自分の舌と感覚で、存分に楽しむべきだ。

唐辛子もパクチーも、本場では遠慮も忖度もない。だから最初は少しずつ試していこう。気取った笑顔で「トウガラシ大盛で！」「辛いの大好き！」と言うのは後にしたい。さもないと旨いまずいを感じる前にお腹をこわして、それがトラウマになりかねない。

おおげさに書いて怖がらせているのではなく、実際にそうなのだ。衛生面でまったく問題がなくても、唐辛子や香味野菜の刺激が強すぎると、慣れていない外国人はすぐに腹をこわしてしまう。

タイ料理ではふんだんに使うニンニクも、下痢を導く張本人だ。食後の臭いの観点から日本のタイ料理店では大胆な使用をためらっているが、本場のタイにはそんな遠慮などない。だから、よく行く日本のタイ料理店で注文している同じ名前の料理を食べても、結果は大きく違ってくるのだ。

パッケージになった団体ツアーの途中で出されるおまかせのタイ料理はあっさりした仕上がりの味になっていて、「タイ料理って日本人の舌にも合う!」との声があちこちから寄せられるが、それは日本人の舌に合わせているだけで、本物の味とは違っている。以前に参加したツアーで出された料理が平気だったからといって、今回のバックパック旅行でも平気だという理由にはなることはない。

バックパッカーは、常に本物を堪能する。味も香りも辛さもすべて、現地でしか

人気店の人気料理は早めに行かないと売り切れるのが常

どの料理にもパクチーが惜しみなく使われている

得られない本物だ。それでなかったら意味がない。しかし、「なにかが違う……」と後からトイレの中で考え込む前に、まずは謙虚な気持ちを持ってテーブルに着きたい。

タイ人は、どんなに辛い料理であっても涼しい顔をして口にしているが、彼らの体内には辛い料理を分解して栄養素に変えてしまうバクテリアが存在している。それはこの環境のもとで、幼少時から育まれているものだ。言うなれば体の作りが違っているわけで、日本人が気合いと根性を出したところで張り合えるものではない。彼らのようになりたければ、体の内側から変えていくしか道はない。いずれにしても、いきなりは無理という話なのだ。

麺料理の注文も冒険だ

このように刺激的で厳しいタイ料理の世界でバックパック旅行の初心者、そしてアジアの旅の初心者に最初に勧めたいのは麺料理だ。

麺料理に関しては、どこで食べても大きくはずれることはない。東南アジアの料理は激辛が定番だが、麺料理においては最初からそこまで辛いものは少ない。外国人が口にできないほど奇異な味付けもなく、注文してから後悔することは、まずない。

だから、なにを食べていいか迷ったり、あるいは注文の仕方がわからなかったら、とりあえず麺料理でその場をしのごう。バリエーションが豊富なので、胃腸が現地化するまでは、それだけでも飽きずに食べ続けることができる。

屋台でも食堂でもいい。麺が調理台の上に見本のように並べられていたら、そこが麺料理の店だ。専門店になっていて、麺以外のものは用意していないことのほうが多い。

たとえば炊き上げたご飯などは、こういうところではあまり準備していない。だから店側も、言葉の通じない客になにを出せばいいかで困ったりすることがない。

ただし……アジアの麺世界は奥が深い。これだけを取り上げても一冊の専門書が書けるくらいだし、実際に書いている研究者は何人もいる。詳しく書いていたら終わりがなくなるので、ここではポイントだけを説明することにしよう。

タイの場合で説明すると、まずは最初に麺を選ぶ。麺は客の嗜好に合わせて何種類か用意されているが、どこに行ってもあるのが、次の四つの麺だ。

・センヤイ（幅広生麺）
・センレック（半生細麺）
・センミー（半生極細麺）
・バミー（中華麺）

これをそのときの気分と嗜好によって選択することにより、注文が始まる。

センヤイ、センレック、センミーの原料は米で、乾き具合と麺の幅によって食感が大きく違う。これらは機会あるごとに食べ分けて、自分好みの一本を発見したい。

中華麺のバミーは小麦粉を使用した麺で、ラーメンというか中華そばの麺に似ている。ただし、かん水を使用していないので中華そば特有の風味はなく、コシもほとんどない。それでも日本人の口に最も合うのはこのバミーで、迷ったときはこれにすれば、まず失敗することはない。

これらの麺はスープを張った汁麺（ナーム）と、ニンニク油で混ぜ合わせた油そ

店によってはうどんにも似た海南風の麺も使われる

様々な具を入れたタイの麺。味も食感も複雑極まる

生肉のほかにセンマイも入ったラオスの牛肉麺

スープを張らずにいただく「ヘーン」という食べ方

ば（ヘーン）の二通りの調理方法によって完成する。これもそのときの気分と嗜好で選べばいい。

油そばを注文すると、店によってはスープを別に出してくれ、微妙に得した気分になる。そんな「微妙な」幸せとお得感を求めて旅をするのがバックパッカーの本懐であるとも言えないことはないから、これは極めて重要だ。

以上を店側に伝えたら、だいたい希望どおりのものが運ばれてくる。もちろん店によって得意とする味は違い、たとえ同じ汁麺を注文したとしても、「この店は魚肉団子が自慢」だとすれば「あの店はエビのすり身の老舗」、そして「あちらは牛すじを煮込んで五〇年」といった具合に様々で、おいしさの度合いも違う。

究極の麺を求めて一軒ずつ食べ歩いても終わりがないのは、奥が深いと説明したことにも通じている。麺料理を極めるだけを目的にしても旅を始める理由になるくらい先は遠い。

そうなればこそ、まずは広く浅くと心に決めて、目につくものから食べていきたい。それもまたバックパッカーに求められる冒険のひとつだ。

アジアの麺料理は不完全調理食品

アジアの麺料理は大きくはずれることはないと書いたが、その理由は完全な形で調理して出てこないことにもある。

東南アジアで完全に近い形で麺料理を出してくれるのはベトナム、マレーシア、インドネシアあたりだろうか。それ以外の国、特にタイとラオスは注文した各自が最終的な味の仕上げをする前提で運ばれてくる。これをそのまま食べてもおいしくはないし、その場を目撃したら店の人が注意してくれるはずだ。

最も不完全な形で運ばれてくるタイの麺料理には、四つの調味料が必ず添えられる。それらはクルアン・プルンと呼ばれるもので、

・ナムプラー（茶色の液体）
・粗挽きの粉唐辛子（赤色の粉末）
・唐辛子の酢漬け（透明またはオレンジ色の液体）
・白砂糖（白色の粉末）

の四品で構成されている。これらがないと怒り出してもいいくらい、あって当然の調味料だ。

ナムプラーとは魚醤と呼ばれるアジアの料理に欠かせない調味料で、小魚を発酵させて作った上澄み液を元にして作られている。ベトナムではヌクマム、カンボジアではトゥック・トレイと名前は変わるが同じ製法で作られ、いずれも食卓には欠かせない。これを丼に加えることによって旨味と塩味が増し、味わいが深まる。

粗挽きの粉唐辛子は日本の一味そのままだが、辛さは数倍以上なので、思いきった使用は禁物だ。小さじ四分の一くらいの単位でおそるおそる入れていったほうが間違いはない。

唐辛子の酢漬けは、酢だけを調味に使ってもいいし、唐辛子を口直し風に食べるという使い方をしてもいい。酸味が強く、思ったほどには辛さもなくて、さっぱりした味わいだ。

最後の白砂糖だが、これも丼に入れて食べる。日本人には最も抵抗のある調味料と思われるが、これがなければ味は深まらない。

ラオスの卓上調味料。これらをすべて使って調理する

生かじり用にさりげなく置かれている激辛唐辛子

豚足の煮込みには欠かせない
生ニンニクはそのまま齧る

とりあえずは、だまされたと思って入れてみよう。その分量は、唐辛子とだいたい同じくらいにするといい。唐辛子を小さじ半分入れたなら、白砂糖も同量入れてみる。入れたら大胆にかき混ぜて味を見てほしい。風味とコクが、入れる前より深まっているはずだ。

唐辛子を入れすぎて「辛い!」と感じたときも、この白砂糖を追加で加えてみると、辛さが緩和されてまろやかさが出る。日本でラーメンに砂糖を入れたら店のオヤジに怒鳴られそうだが、タイでは入れないことには格好がつかないし、旨さも出ない。ところ変われば味も食べ方も違うのだ。

こうやって順に調味料を加えていき、自分好みの味にして食べるのがタイでの麺の食べ方だ。ラオスではこの四品に加えて醤油(黒醤油と白醤油の二瓶)、チリソース、ガピと呼ばれる味噌状の発酵調味料が数種類、搾って入れるためのライム、さらには化学調味料(!)までが添えられ、卓上は調理場のようになってしまうが、そうなっていなければ敬遠していい店かもしれない。

これらを適宜使用して、注文者が自分自身で食べたい味にするわけだから、おい

新鮮な素材とたっぷり使う香草が決め手のタイ料理

蓮の茎と生の剝き海老を使った、タイの激辛ヤム料理

しくならないはずがない。タイの麺料理にはずれがなく、どこで食べてもおいしいのは、こうしたところに理由があるとも考えられる。

この逆に当たりはずれの大きいのは、ベトナムを代表する麺料理として有名なフォーだ。

まったくコシのないうどんのようなフォーはベトナム以外の国で食べてもおいしくないし、ベトナム国内でもおいしい店を探すのが難しい面倒な料理だ。本当においしいフォーは感激するほどのコクと旨味にあふれているが、それは本場のハノイで、しかも念入りに探し出して味わうしかない。

そんな究極の一杯に打ち震えるのはいずれ本場にたどり着いたときの楽しみとして、いまはまず自分の舌に合う味を見つけることに専念しよう。あるいはそれを作り出す調味技術の習得に励んでみてもいい。

バックパッカーの体調管理
おいしい食事の落とし穴

パッケージツアーのよさのひとつに「食事の心配がない」ことがある。朝昼晩の三度の食事は最初から完全に手配されていて、予定から抜け落ちることはない。考えようによっては三度の食事の合間に観光名所を見物しているようなものでもある。屋台や食堂での食事は予定の中には入っていない。たとえ市場を案内されても立ち止まって買い食いしている余裕がないくらい厳しいスケジュールを組んでいるのが、海外ツアーの常なのだ。

その理由は、ツアー会社の側に立てば、すぐにわかる。彼らはツアーの参加客たちに、屋台や露店で食事してほしくないのだ。

ツアー会社が最も困るのは、ツアーが予定どおりに進まないことだ。そうなる原因の大半は参加者の体調不良で、一番は下痢、二番が熱中症などで倒れること。そんな事態になってしまわないよう、彼らは細心の注意を払っている。

パッケージツアーのフリータイムは最後の夜、翌朝いちばんで空港から日本に帰国するというときに限られている。それは参加者へのサービス的配慮でもあるが、日本に帰ってから体調がおかしくなっても「ただの旅の疲れでしょう」と言い逃れることができるからだ。

それ以外にも、ツアー会社は参加者の体調に気を配っている。たとえばシーフード料理はタイ料理の華でもあるが、日本人好みの生食あるいは半生の料理はツアー客のテーブルに載ることがない。出される料理は煮たり焼いたり揚げたりして、必ずしっかり火が通されている。

しかし、肉や魚を生で食べる習慣を持つのは日本人だけではない。アジアにも生食は文化としてあるし、それはタイでも散見される。例を挙げると、

・淡水海老を唐辛子とナムプラーで食べるクン・チェー・ナムプラー
・小海老を生きたまま踊り食いするクン・テン

・揚げた小玉ねぎや搾ったライムで食べる生牡蠣ホーイ・ナンロム・ソット
・ほとんど火の通っていない状態で食べる赤貝ホーイ・クレーン・ルワック

これらが魚介系の代表的生食料理だ。クン・チェー・ナムプラーなどはほとんどのタイ料理店のメニューに載っている一般的な料理で、まったく珍しいものではない。クン・テンなどは市中に流し売りの屋台が出ているほどで、外国人には珍味かもしれないが、ありふれてもいる。

魚介にかぎらず肉類も生で食べる文化がある。たとえばタイの東北部（イサーン地方）では、屋台や食堂で普通に注文できる料理で次のようなものがある。

・牛肉の赤身スライス（生）を苦い胆汁ダレで食べるソイ・ハーンは、本物の牛刺し
・生牛肉に牛の生血を混ぜ合わせたコーイは、一〇〇％生食材のタイ式ユッケ
・牛肉をタタキ（半生）状態でいただくナムトック
・豚の生血をスープに溶いた麺もやはりナムトック（同名でも別料理）

・刻んだ生レバーを使ったタップ・ワーン
・生センマイ刺しそのもののヤム・パーキーリウ

いずれも日常的に食されているメニューで、特別なものではない。

タイの生食に使う食材はおもに牛肉だが、これが豚肉になることもある。食あたりのリスクの上に寄生虫の心配もあるが、グルメの前には御意見無用。当たって死ぬ覚悟の上で味わう鉄砲料理（ふぐ料理）なるものが日本の食通の間にあるように、これらの生食材もまたタイの味覚を語る上で避けては通れない。

ただし、無理して食べなければならない理由はないし、慣れない外国人、特に耐性のない日本人は避けるべきなのは言うまでもない。

生食の上を行くゲテモノ系となると、ベトナムに行けば蛇屋（蛇料理専門店）があり、そこでは蛇の生き血を焼酎に混ぜて出してくれる。コブラの心臓は珍味で、もちろん生喰いだ。山奥に入れば熊、ハリネズミ、稀少種のセンザンコウなども食材になっていて、これがまた食べると美味だったりする。鹿肉などはゲテモノでもなんでもない普通の食材だ。

跳ね回る生海老を押さえつけながら食べるクン・テン

酸味と辛味と旨味がひとつになったクン・チェー・ナムプラー

ソイ・ハーンは苦い胆汁ダレが決め手の牛刺し

新鮮な胆汁を加えるとさらに旨味が増すコーイ

こうした珍味料理はパッケージツアーでは絶対に出てこないし、興味を持たれると困るので、近づくことも許されない。それどころか、ガイドはこんな具合に脅し文句を口にするだろう。

「食べたら腹をこわす」
「倒れて帰国できなくなる」
「入院したら大変なことになる」
「実際に死ぬ人もいる」

それを耳にしたツアー参加者は、楽しげに屋台料理を囲んでいる現地の人たちの姿を横目で見ながら怖気《おそけ》を震うのだ。

もちろん、僕たちバックパッカー

にはこのような無粋なガイドはいない。なにを食べてもかまわないし、それどころかパッケージツアーでは得られない冒険と感動を求めて旅立っているのだから、ここで挑戦しなかったら次のチャンスはない。

……と言いたいところだが、最後の部分は聞き流していただいてけっこうだ。パックパッカーだろうがなんだろうが、体が資本の旅である。ペースを守って、自分にできないことはできないと意思表示する強い姿勢もまた求められる。

失敗は大歓迎でも、取り返しのつかない失態だけは、なにをおいても避けるべきだ。

チャイナタウンの変遷
近代化によって生まれ変わった街

ここでバンコクのチャイナタウンについて語ってみることにしよう。
二〇世紀の日本人バックパッカーは、必ずここを通過した。カオサン通りと同じで、いまはもうその亡骸くらいしか残っていないが、いまこの機会にもう一度、この街を通り抜けてみることにしたい。

チャイナタウンの中のチャイナタウン

政治家のほとんどが中国名を持ち、富裕層のほぼ全員が中国移民とも言えるのがタイという国だ。こうなると首都のバンコクは、それ自体が中国からの移民によっ

タイ国鉄のクルンテープ駅はチャイナタウンの東端

て築きあげられたチャイナタウンと考えられなくもない。

　バンコクの商業地帯の大半が、華僑経営の商店で成り立っている。漢字の看板を用意していない商店は見当たらないほどで、この街から中国の影響を消し去ることなど不可能なほど強く深い影響を与えている。

　こうなると街のどこからどこまでがチャイナタウンと呼べるのか確定できなくなってしまうが、現在の区切りでは、ヤワラーという名の通りに沿った一帯がそうだと言える。あるいはこの通りと、その北に走るチャルン・クルン通りも含めた一帯をそう呼んでもいい。特に仕切りや区割りがあるわけでもないが、ともかくこのあたりが「古びていて、やたらと漢字の看板が多い」一帯なのだ。

この一帯の南側にはバンコクを縦断するチャオプラヤー川が流れている。大陸から海路で運ばれてきた輸入貨物はこの川をさかのぼり、ヤワラー通りの南側の港で陸に揚げられた。それらの荷物を運んだのがクーリー（苦力）と呼ばれる労働者で、彼らもまた中国大陸からやってきた。

移民が——中国人が集まる背景がこの地にあり、結果として中国人の町ができあがったのは当然至極の成り行きだったのである。

ファラムポーンは鉄道駅のある街

チャイナタウンでもっとも古い通りがチャルン・クルン通りだ。一九世紀に国家の近代化を進める当時の国王ラーマ四世が馬車でも走れるヨーロッパ式の大通りを目指して造り上げた通りで、英語名では「ニュー・ロード」と呼ばれたが、当時最新の道が現代では最古の大通りになってしまったのは歴史の皮肉だ。

ヤワラー通りは、このチャルン・クルン通りの南側に、東西約二キロにわたって横たわっている。ここもまたバンコク都民で知らない人は、まずいない。

東の端には在住の華僑組合がロータリーの中心に建てた中華大門があり、そこからもう少し先に横たわる運河までにチャイナタウンと呼んでいい雰囲気がある。まずはそのあたりから歩いてみることにしよう。目印はヨーロッパ風のドーム建築が目を引くクルンテープ駅だ。

この駅は通称で「ファラムポーン」と呼ばれている。ファラムポーンはこのあたりの地名であって正式名称ではないが、タクシーやトゥクトゥクに言えばここまで連れてきてくれるし、ついにはこの駅の真下に完成した地下鉄駅の正式駅名にもなった。

駅舎は巨大な半円形のドームになっていて、この中にチケット売り場やプラットホームがある。第二次世界大戦の当時は航空機の格納庫として利用されていたらしいが、それを目的として建てられたものではないらしい。

ドームの下は巨大な待合室になっている。チケット売り場は現在の入口から入ってすぐの左手にあり、その裏に列車が発着するプラットホームがある。

当日券も指定席の予約も、すべてこのチケット売り場で買い求めることができる。後述する地方行きの長距離寝台特急列車の取り扱いもここだ。

タイの鉄道列車は、ほんの一部を除いてほとんどがこの駅を始発または終点としている。その関係でいつもなんとなく乗客がいて、なんとなく列車が出入りしているが、最も慌ただしくなるのは夜行列車が発着する早朝と夜間だ。

日本ではすっかり姿を消してしまったが、タイはいまでも夜行列車が現役で活躍している。その車両もまた日本のJRの払い下げが主役で、日本人には懐かしくもあり誇らしい。

長い歴史と運行実績を持つここファアラムポーンことクルンテープ駅だが、数年中にバンコク北方のバーンスーに移転されることが決定しており、現地ではいま大工事の真っ最中だ。新駅が開業された暁には、ファアラムポーンに建つ駅は廃止され、駅舎は再利用されるものの、鉄道駅としての機能はなくなってしまう。この地に鉄道列車が入ってくることもなくなるわけで、バックパッカーとしてはいままさに現役のうちによく見ておいて、できるなら実際に利用もしておきたい。

時の流れとともに失われた歴史的財産の話を耳にして、

「うん、あそこね、前に行ったことがあるよ」

と後輩たちに向かってさりげなく自慢するのもまた、バックパッカーの愉楽だったりするのだ。

七月二二日ロータリーとその周辺

昔々……というわけでもないが、バンコクにジュライホテルという名のホテルがあった。二〇世紀の終わりごろまで営業を続けた、日本人旅行者たちの間で「超」の付く人気を誇った安宿だ。

いまはもう営業していないが、現代を旅する僕たちは、二〇世紀のバックパッカーを悼む巡礼のルートとして、あるいは先駆者たちに敬意を払う目的で、この地の散策を予定に組み入れてみるのもおもしろいだろう。

クルンテープ駅から徒歩で一〇分くらいだろうか。その建物は現在でも残されているが、入口は鍵と鎖で固く閉じられ、中に入ることはできない。地元のタイ人芸術家のためのギャラリーとして一時的に利用されたものの、それ以降は再開発されることもなく、暗い廃墟と化したまま放置されている。

ジュライホテルは、宿としては最底辺クラスだったが、日本人の顧客を中心にして、営業当時は常に満室の盛況だった。その第一の理由は、ベッドメイクを毎日してくれることにある。

昔もいまも、ゲストハウスにはそのようなサービスはない。連泊客は自分自身でベッドメイクするか、面倒くさそうな顔をしたスタッフを呼んで整えてもらうしかない。しかし、このホテルにはその苦労がなく、外出して戻ってくると、ベッドのシーツはいつも必ず新しいものに取り替えられていた。

泊まってみると、居心地も意外とよかった。どんな安宿にも美点はあるものだが、ジュライホテルなら上層階の角部屋がそれだった。窓の数が多く、採光がよく、風の通りも非常にいい。昼寝などしてみようものなら、そのまま夜まで起き上がりたくなくなってしまうくらいだ。

そして実際に、みんなそうしていた。気持ちのいい部屋の中で一日中ゴロゴロと転がりながら、ただ時間だけを消費していたのだ。

これはチャイナタウンに限らない。バンコクのあちこちにある安宿の、そんな気持ちのいい部屋にチェックインしてしまったら、どうにも外に出ようという気がなくなってしまう。そして、そのまま一週間、一ヶ月、一年と旅も移動もすることもなく、居座り続けてしまうのだ。

これを「沈没」と言い、怠惰のままに日々を過ごす人たちを「沈没者」あるいは「沈没組」と呼んでいた。二〇世紀末のバンコクは、こうした沈没者を続々と生み出す魔都として、世界中のバックパッカーから恐れられてもいた。

いまこの廃墟と化したジュライホテル跡を感慨深い目で見つめられるのは、往時を知っている日本人くらいだろう。B級以下の名所だが、近くを通ったら目にしておいても損はない。

この近くには、これもまた二〇世紀のバックパッカーの間で有名だった楽宮旅社の跡もある。冒険作家の谷恒生が著した人気小説の題材になった安宿で、ジュライを愛好する「ジュライ派」に対して「楽宮派」なる派閥があったほどの強い人気を誇っていた。

この旅社の窓には強盗の侵入を阻むべく鉄格子がはめられていて、両手で握りしめると囚人気分になることができた。部屋の造りはジュライホテルとは比較にならら

表通りも中国語の看板だらけ

ないほどシンプルで、それ故に宿泊代金も安かったが、強いメンタルがないと閉所への恐怖から気が変になってしまう。そして実際に、そうなってしまったバックパッカーが何人も出た。いまはもう、タイ国内のどこを探しても、ここまで極端な宿はない。

　こちらも奇特な観光名所として一度は目にしておきたいものだが、しかしその面影は、ジュライ以上にまったくない。外観は変わっていないはずなのだが、何度か泊まったことのある僕でさえ入口がどこだったか思い出せないくらい、くすんだまわりの風景に埋没してしまっている。

新しいけど古い街

時代は変わった。しかし、失われた過去を嘆いているばかりではない。最近のチャイナタウンは、このような過去などまったく知らない若い世代の間で脚光を浴び始めている。往時の活気あるチャイナタウンを知るバックパッカーからすれば亡骸としか思えないこの街の、その亡骸風情を楽しむ人たちが増えてきたのだ。

チャイナタウンの亡骸は、妙に写真の写りがいい。これを求めてタイ人の若者たちが続々と集まり始めた。最初はＳＮＳで自慢できる見栄えのいい写真を撮るスポットとして、そして最近はお洒落なカフェの集まる場所として、チャイナタウンは再び注目を集めている。

表通りは観光客向けの屋台街、しかし、一歩裏通りに入ると、そこには八〇年代、いやもっと前の六〇年代風の雰囲気をかもしたバーが並んでいる。

古びたルックスだが、実はどの店も最近オープンしたばかりだ。それらはタイの若者たちが、古い街並みを借景して造り上げた「新しい古さ」なのである。

スマートフォンとSNSの普及が、死にかけていた街に新しい空気を呼び込んだ。故《ふる》きを温《たず》ねて新しきを知るとは、こういうことをいうのかもしれない。

19世紀の空気さえ漂う路地裏

各国都市交通案内
乗れたらいいというものではない

バックパッカーらしい服装と雰囲気を身にまとったら、本格的に街に出てみよう。移動の基本はもちろん自らの両足だが、乗り物を利用すれば行動できる範囲は格段に広がる。機動力を得たバックパッカーは無敵の存在だ。

東南アジアでも世界のどこでも、市街地での移動手段に大きな違いはない。料金の高い順から並べていくと、だいたいこんなところになる。

1・タクシー（日本と同じように距離メーターが付いている）

2・三輪タクシー（トゥクトゥク、サムロー、オートリクシャー、バジャイなど世界各国で呼び名が違う。いずれも距離メーターは付いていない）

3・オートバイ・タクシー（オートバイの後部席に客を乗せて運ぶ。距離メーターは、もちろんない。タイではモータサイ、ベトナムではセオムと呼ばれる）
4・乗り合いのミニバス（ロッド・トゥー、ソンテウ、ジープニーと、やはり各国で名前が違う）
5・市営や都営のバス
6・徒歩

右から左に行くほど運賃は下がり、バックパッカーとしての本領が求められてくる。

ただ、日本と違って東南アジア諸国のタクシー運賃は驚くほど安い。タクシーは高いからと言ってバスに乗っても、三〇分程度の移動で節約できるのは数百円程度だろうか。数人で割り勘にすれば、その差はほとんどなくなってしまうことも頭に入れて利用したい。

それよりも注意したいのは、このランクが安全性に比例していないことだ。最もコストの高いタクシーが最も安全かというと、けっしてそうならないのがアジアである。

観光地に待機しているタクシーや三輪タクシーの類《たぐい》は外国人の豊かな懐を狙っている。値切り慣れたバックパッカーや地元在住の外国人は、このような場所では露骨にいやな顔をされるか舌打ちされて、乗車を拒否されるのが常だ。悪事が後ろめたいのか、最近はボッタクリを指摘すると逆ギレして暴力をふるう極道ドライバーも増えた。

タクシーや三輪タクシーを安全に利用するにはコツがいる。面倒だが、これを身に付けないうちは楽しい移動などできない。

タクシー運転手との交渉術

タイの首都バンコクを走っているタクシーは「タクシーメーター」と呼ばれていて、屋根の上にはっきりそう書いたサインボードを掲げている。メーター付きをなぜそこまでアピールしているか不思議だが、実はタイのタクシーはメーターがなくてあたりまえの乗り物だった。そこに交通大革命が起こり、メーターを付けたタクシーが都内を走るようになったのである。一九九〇年代のことだ。

メーターが付けられるまで、乗車料金は客と運転手との交渉で決められていた。乗車までの流れは、次のとおりだ。

まずは走ってくるタクシーを停め、助手席側の窓を開けて運転手に話しかけることから始まる。

「運転手さん、〇〇まで行ってください」

「うーん、そこだと二〇〇バーツだな」

「一〇〇バーツでなんとか」

「厳しいね。一五〇バーツでいいだろ?」

「一二〇バーツにしませんか」

「しかたねえな。いいから乗れよ」

……というやりとりがあって、ようやく客は客として車内に乗り込むのである。かなり横柄な態度だが、いまでも実際こんなもので、基本的には腰の低いのが客、偉そうにしているのが運転手だと思っていたい。言い換えれば「乗せていただく」のが客で「乗っけてやるよ」が運転手だ。この力関係を理解していないとトラブル

近距離のちょい乗りで活躍するトゥクトゥク

が起こるので、タイに限らずアジアの常識として頭に入れておこう。

性根のいい運転手も多いが、悪い運転手はもっと多い。気分よく乗車できた日は運がいいと思っているくらいでちょうどいい。

このような面倒な儀式を省くべく導入されたのがメーターなのだが、二一世紀に入ったいまでもあたりまえのようにこうしたやりとりが続けられている。理由は、運転手たちによれば、乗車料金が安すぎるからだ。

だから現代では、次のようなやりとりになる。

「運転手さん、○○まで行ってくださ

い」

「うーん、そこだと二〇〇バーツだな」

「メーターを使ってください」

「嫌だね」

「そこにメーターが付いているじゃないですか」

「知らないね。嫌なら乗るな」

……という流れになって、非常に気分が悪くなる。

また、こんなやりとりも珍しくない。

「運転手さん、〇〇まで行ってください」

「アア？　聞いたことないな」

「あの有名な△△公園の横です」

「知らないね。とりあえず二〇〇バーツで行ってみないか？」

土地勘のまったくない地方出身の運転手はザラにいる。地図の見方を知らないので、スマートフォンで行き先を示してみても、余計に混乱するばかりだ。

これはメーターの付いていない三輪タクシーやオートバイ・タクシーでも同じで、

まずは、

1・運転手が行き先を知っているか

2・（タクシーなら）メーターを使ってくれるか

を確認しなければ客にはなれない。

この交渉が面倒でかつ不愉快なので、外国人にはかなり嫌われている。そして彼らは積極的にＧｒａｂなどの配車サービスを利用するのだ。

スマートフォンを利用した配車サービス

Ｇｒａｂはスマートフォンのアプリを利用した配車サービスで、世界中で利用することができる。以前は同様のサービス会社としてＵｂｅｒもあったが、ライバルだったＧｒａｂに権利を売却し、東南アジアから撤退してしまった。現在、この手のサービスはＧｒａｂだけの事業になっている。

タクシーやトゥクトゥクはGrabに客を奪われている

GrabにはGrabTaxi、GrabCar、GrabBikeのサービスがある。GrabTaxiで来るのは普通のタクシー、GrabCarは普通車、GrabBikeではバイクが来る。

交渉は不要で、アプリで車を手配した時点でルートが決まり、料金も規定に基づいて決定される。そのため変に遠回りされたり、怪しい場所に連れ込まれることがない。

スマートフォンで車を呼ぶくらいなら「目の前の通りを走っているタクシーを呼び止めて乗ってしまえば?」と思うかもしれないが、外国人は、そうするよりも一手間かけるほうを選択する。つまりタクシーとの事前交渉は、そんな手間を払ってでもいいから回避したいくらい面倒で腹の立つ儀式なのだ。

乗り合いのミニバスほか

乗り合いのミニバスはバンやトラックを改造した乗り物で、ベースになっている車体によって呼び名が違う。よく知られているのはワンボックスのバンを使ったロッド・トゥー（タイ）、トラックを改造したソンテウ（タイ）、ジープを改造したジープニー（フィリピン）などだ。

乗り合いの場合、走るルートが決まっている関係で、料金もだいたい決まっている。観光地を走るミニバスを除き、外国人でもボラれることはあまりないが、車内放送などはなく、降りる場所を教えてもらえないので、土地勘がないと見当違いのところまで乗るはめになる。

どこをどう走っているのか、まずは狙いどおりに乗るのが大変だが、降りるのもまた大変という、なかなか難易度の高い乗り物だ。

これらはチャーターしたり、ルートをはずれた場所へ運んでもらうこともできるが、乗り合いでなくなってしまうので料金は俄然高くなる。そうなったら大きめのタクシーと割り切って利用するべきだろう。

繁華街を走る市営または都営のバスは、いわゆる普通の乗合バスだ。ただ、タイの首都バンコクの場合、チケットは車内を巡回している車掌に直接代金を支払って買わなければならない。

バスのタイプによっては降車地名を告げて買う必要があるが、英語はあまり通用しない。乗れば確実に目的地までたどり着けると思わず、ちょっとした冒険のつもりで乗り込んだほうが気分よく楽しめるはずだ。

間違ったら間違ったで通りの反対側に渡って引き返すか、タクシーなどを使えばいい。これを面倒と考えるなら、本物のバックパッカーになることなどできない。二度手間や三度手間をかける苦労を楽しんだり、それを自慢のネタにしてしまうのも、バックパッカーの特権なのだ。

大型のバスより快適で速いロッド・トゥー

我先にと昇降口に殺到する人たち

地方の町への旅

長距離交通機関を利用する

長距離移動では陸・海・空のどれかを利用することになる。陸ならバスまたは鉄道、空は航空機だ。マレーシア、インドネシア、フィリピンなどの島国では船を使った移動もあるが、タイの場合は南部でその足を利用することができる。

バックパッカーは基本的に「早くて便利」より「困難だけれども安い」方法を選択するが、LCCが普及している現代では、コスト（出費）の些末な違いは大きな問題になっていない。

気にするべきは、「旅」になにを求めているかだ。「移動の過程」を重視しているのか。あるいは「移動した先での見聞」が目的なのか。その見極めが、移動手段を決めさせる。

かかる出費の大小よりも、その点に照準を合わせたほうが、結果的には損のない旅をすることになる。

ネット予約が基本のＬＣＣ

ＬＣＣの普及により、航空路線の国内線は、場合によっては鉄道やバスより安くなることがある。

ただし、安くなればなるほど出発・到着が早朝や深夜の時間帯となり、実際に離着陸する時間も正確ではなくなってくる。機内への持ち込み重量にも大変厳しく、背中の荷物が大きく重くなりがちなバックパッカーには料金的恩恵が出ないこともあるので、スケジュール全体を確認しながら、冷静に計算して判断したい。

チケットは、利用者（旅行者）がインターネットを介してＬＣＣ各社のホームページから直接予約して購入するのが一般的だ。そうすることによって無駄な中間マージンを省き、安いチケットを安いまま提供することができるシステムになっている。

もちろんネットに接続するのが条件なので、Wi-Fiや無線LANのあるところからPCやスマートフォンを介して利用するのが前提となる。支払いはクレジットカードだから、まずはこれを持っていないと利用はできない。ネットショッピングなどで普段からスマートフォンを利用しての買い物や支払いに慣れているなら心配はないが、そうでなければ一苦労かもしれない。

さらには、会社によっては日本語に対応していないこともある。

慣れない操作を慣れない英語と画面上の小さな文字を見ながらこなすのは、予約購入が初めての場合は大変だ。「間違えて別のボタンを押してしまった」とか「予約したはずなのにされていなかった」とか「支払い手続きを完了していなかったから予約が取り消された」などなど誤操作による大失敗の話を巷で聞かないことがない。

これらも笑い話ですめばいいのだが、ほとんどの場合はそうはいかず、やむなく高い航空会社の正規チケットを買うことになったり、旅行計画そのものを変更したという結果を聞くことのほうが多い。また、そうなっても責任は購入者側にあるので、怒りの向けどころもない。

このような取り返しのつかない失敗を現地で犯したくなかったら、迷わず旅行代理店か、ＬＣＣの窓口に行くことにしよう。

ＬＣＣは、こうした窓口を出さないことによるコストカットで航空料金を下げようとしたのだが、やはり難しかったようで、最近は旅行会社と提携したり、観光客の多いエリアにブースを出して直接購入できるようにしている。手数料が上乗せされるが、確実性を重んじるならこの選択肢も頭の中に入れておこう。クレジットカードを持っていない場合でも、窓口であれば予約・発券・現金での購入が可能だ。

長距離バスで移動する

ひと昔前まで、そう、ＬＣＣが普及を開始するまでは、地方交通網の主役はバスだった。東南アジア諸国のほとんどは鉄道路線を持っているが、「鉄道網」と呼べるほど発達している国はない。かわりにバス路線が、それこそ網の目のように発達している。東南アジアではタイとベトナムの路線網が秀逸だ。

ここではタイでの利用法を説明するが、まず首都バンコクには全国各地のターミナルを結ぶ長距離バスターミナルが三つあり、行き先（方角）によって出発・到着するバスが分けられている。

北部の有名な観光地チェンマイや中部の世界遺産スコータイに行くバスは、バンコクの北側に用意されている北部・東北部方面行きのモーチット北バスターミナル（略称モーチット）から出る。メコン川に沿う国境を持つ東北部イサーン地方に行くバスも同じターミナルビルから出るが、チケット売り場が行き先別に一階と三階に分かれているので、間違って違う街に行ってしまう心配はない。

プーケットやサムイ島、隣のマレーシアのランカウイ島を含む南部の有名なビーチリゾートに行くバスは、バンコクの西側に用意されている南部方面行きのサーイターイ南バスターミナル（略称サーイターイ）から出る。ターミナルビルはショッピングセンターと共用で、中で迷ってしまうほど大きい。洋上の島へと渡るフェリーのチケットも、ここの窓口で購入することができる。有名な戦場にかける橋のある西のカンチャナブリーに行くバスも、出発はここだ。

同じ国際ビーチリゾートでも、欧米からの観光客に人気の高いパタヤー方面に向かうバスは、バンコクの東側に用意されている東部方面行きエカマイ東バスターミナル（略称エカマイ）から出る。ピンクの巨大ガネーシャ像で最近脚光を浴びているパワースポット、ワット・サマーン・ラッタナーラームへ行くバスも、ここから出る。

乗車券は、空席があるかぎり当日の発車直前まで購入できるが、本数の少ない上位クラスのバスほど早く満席になる。こうしたバスチケットは、移動の日程を決めると同時に買い求めたい。

余裕をかませて出発時間のギリギリに窓口に行っても、残っているのはエアコンもなく、シートも倒れないクラスのバスくらいで、それですら手に入らないかもしれない。電話予約も可能だが、言葉の関係で外国人には難易度が高いので、チケットは下見を兼ねて事前に窓口まで出かけて買うのがよさそうだ。

これらのターミナルで買えるのはタイの交通公社（通称でボーコーソー）と民間のバス会社が走らせているバスで、どちらも料金に変わりはない。違いはサービスになるが、業界内での激しい客の奪い合いの結果、近年はその内容の向上が著しい。さらにはＬＣＣの台頭もあり、バス会社はどこも空の旅以上に快適な印象を与えようと必死になっている。

結果、長距離バスの旅は以前よりはるかに楽しく快適になった。九〇年代に旅したバックパッカーは、長距離バス移動と聞くとその窮屈さと居心地の悪さを思い出して顔をしかめるかもしれない。しかし、それらは時代とともに変わり、いまそのような苦難の旅をするためには二等クラス以下の格安バスに乗るしかない。

ＬＣＣが嫌いな僕は、策定した移動ルート上で空の旅が利用できるとしても、バスや鉄道での移動を選択している。理由はいろいろあるが、昔と違って最近のバスは乗り心地がいい。夜行の長距離バスはソファのような大型シートを持ち、水平に近い角度までリクライニングする。その気になれば熟睡が可能なほどに快適で、不満もほとんど出ることがない。

鉄道でのんびり移動する

鉄道とバスの料金にそれほどの差があるわけではないが、乗り心地や速度では大きな差が出ている。線路や客車の古さもあり、東南アジアの全域において、この部分では鉄道が勝るポイントはない。

しかし、鉄道にはバスにない絶対的なアドバンテージがある。それが寝台車の設定だ。長距離路線にしか用意されていないが、横になって脚を伸ばして眠ることができる。これは普通に「動くホテル」と呼んでいいだろう。この一点において鉄道は、その他の交通機関より一歩も二歩もリードしている。

東南アジアで長距離鉄道が利用できるのは、タイ、ベトナム、カンボジア、マレーシア、インドネシア、ミャンマーだ。ラオスは現在敷設中。シンガポールにはマレー鉄道の始発・終着駅があるものの、長距離と呼べる線路が引けないほど国土が狭いので論外だ。

タイの鉄道は、バンコクのチャイナタウン案内の項で説明したフアラムポーンの中央駅が中心になっている。一部の西部・南部行きの列車を除き、ほとんどの列車がこの駅を始発にしているのは説明したとおりだ。

駅機能の中心もここだが、乗車券はコンピューター発券になっているので、タイ国内の鉄道駅であれば、どこであっても購入できる。また、指定席が用意されている列車ではインターネットを利用して利用者（旅行者）が直接予約・購入することもできる。

ただ、外国人に人気の長距離寝台特急列車は席数（ベッド数）が限られている。予定が確実に決まっているならインターネットを活用して日本を出る前に予約しておくといい。その際は画面のプリントアウトまたは予約時のスマホ画面が乗車券となり、車掌にそれを見せれば乗車できる。不安があれば、タイ到着後に近くの駅窓口で正規の乗車券を発券してもらえばいい。

もっとも、その窓口はいつでも開いているわけではない。バンコクやその他の大都市駅以外は、列車の出発直前になるまで窓口が開かないのだ。

「列車なんて、いつでも来るのでは？」

と思うのは大間違い。東南アジアの大地を走る列車は本数が少ない。朝夕を除く日中は、一時間に一本来るかどうかの頻度でしかダイヤが組まれていない。地方に行けば行くほどその傾向は顕著になり、駅によっては日に数回しか列車が目の前を行き来しないこともある。

それはつまり、窓口が一日に数回しか開かない事実でもあるので、あわてずあせらず待つことにしよう。

速度の遅いアジアの鉄道でのんびり旅を楽しみたい

コラム

夜行寝台で向かう大地の果て

眠っている間に運ばれる愉楽

時刻は午後八時前。外はすでに暗くなっているが、ここクルンテープ駅の駅舎内はまぶしいくらい明るい。

半円形の高いドームの下、プラットホームの右の端、三番ホームに停車中の列車は特別寝台特急「イサーンムッカー」号だ。今夜はこの列車に乗って、タイ国鉄東北線・北線の終着ノーンカーイ駅を目指す予定になっている。

発車時刻は八時ちょうど。乗務員はすでに所定の位置に着き、乗客の最終案内を行っている。

「イサーンムッカー」号の隣の四番ホームには、まったく同じ外装色と装備を整えた「イサーンワッタナー」号が停車している。うっかり乗り間違えてしまいそうだが、こちらは同じタイ国鉄東北線の南線を走る特別寝台特急だ。終点は南線

駅の窓口では当日券も予約券も購入できる

の東の端、タイで最も東に位置する鉄道駅ウボン・ラーチャターニー駅で、発車は八時三〇分の予定になっている。

　別れを告げる見送りの客が、ホームから手を振っている。タイの鉄道駅には改札がない。プラットホームには誰でも入ることができ、その気になれば乗車券がなくても列車に乗り込むことができる。

　検札は車内のみで行われる。このときに車掌から乗車券を買うこともできるが、無賃乗車扱いにされて、一律二〇〇バーツの罰金を加算される。なので横着はせず、きちんと乗車駅で買っておかねばならない。もっともこの特別寝台特急列車は完全指定席制なので、適当に乗り込んだところで席を与えてはもらえないが。

寝台はすでに準備完了

タイ国内を走る特別寝台特急列車には一等車と二等車が連結されている。今夜乗るのは二等車のほうだ。

二等車は中央に通路があり、その左右に座席が対面で並んでいる。寝台はこの座席を上下段にトランスフォームして使用するが、上段の寝台には窓がない。その分だけ乗車料金は安くなっているものの、若干ながら息苦しい。

一等車は完全な個室だが、基本は二名での利用で、ひとりで乗り込むと相席になってしまう。個室での相席同席の意味で、相手が見知らぬ客だったりすると、どうにも気が抜けない。予約の段階で異性同士の相席にならないように配慮はしてくれるが、ひとり旅なら二等にするか、一等車なら思いきって個室の二席を買い取ったほうが、のびのびとした鉄道旅が楽しめる。

今夜は夜の遅い発車ということで、客車の寝台はすでに降ろされていた。乗客は「席に着く」のではなく、乗車と同時にベッドに潜り込んでいる。常識的な夕食の時間は、もう過ぎている。乗ったら寝るだけ、起きたらそこが目的地という非常にわかりやすい乗車スタイルだ。

これで座席での移動も楽しみ、寝台も楽しみたいという贅沢な旅を所望するなら、同じ特別寝台特急でも南部ハート・ヤイ・ジャンクション駅を目指す「タックシンナラット」号を選びたい。この列車なら、クルンテープ駅を午後三時一〇分に発車となり、寝台が降ろされるまでの三時間以上を座席に腰かけて楽しむことができる。終点まで約一四時間の長旅になるが、窓外の景色も堪能できるし、エアコンの効いた客車内は快適で、移動の苦痛を感じることもない。

ハート・ヤイ駅からはマレーシア国境駅行きの列車が接続していて、そこからマレーシア国鉄KTMに直接乗り継ぐこともできる。旅の目的がマレー半島縦断の場合は、優先的に検討したい移動方法だ。

さて、列車は午後八時ちょうどの定刻にホームを出た。タイ国鉄の始発は定時発車が基本で、遅れることはほとんどない。

東南アジアの人々は時間にルーズな印象があるが、鉄道の発車時刻だけは大変に厳しい。その一方で到着時刻には無頓着だが、車両や設備が古いので、規則どおりの速度が出せないのがその理由だ。そのあたりも含めて、のんびり楽しむのがタイの鉄道旅の醍醐味になっている。

この日、乗車券は売り切れていると聞いていたが、始発駅を出ても客車は満席になっていなかった。席が——寝台が——完全に埋まるのは都内の駅を各駅停車しながら客を拾い、約一時間後に北の世界遺産アユタヤー駅に到着するあたりからだ。

日中であれば、アユタヤー駅到着前に、窓越しに赤いレンガで組み上げられた古い遺跡の一部を見ることができる。しかし、いまはもう午後九時だ。外は暗く、どれだけ目を凝らしてみても、なにも見えない。

東南アジアの夜は暗い。明かりがあるのは駅周辺だけで、それ以外は森か平野かもわからない暗闇が続く。まるで永遠に続くトンネルの中を走っているかのようだ。

車内販売も、この列車にはない。あっても飲料水くらいで、ＪＲのようなワゴンサービスは最初からない。各駅停車のローカル列車なら、駅で停車するごとに売り子が乗り込んできて飯やおかずや焼き鳥などを販売するが、乗車券を持たない客は立ち入れないこの特別寝台特急列車では、それもない。

アルコール類の販売もまた、ない。タイ国鉄は全車全駅全路線で禁酒禁煙となっており、食堂車でも提供されていない。持ち込みさえも許さない徹底ぶりで、事前検査で見つかったら、よくて説教、悪ければ没収となってしまう。ナイトキャップでこっそりウイスキーなどを飲《や》っていたら冗談抜きの罰金だ。

こうなると、もはや起きていてもしかたがない。時刻表によれば、明日の午前六時四五分に到着することになっている。早朝からの行動を頭の中で予習しながら、今夜は早めに寝るとしよう。

幸いなことに、車両の揺れは小さい。足回りもよく、停車時や発進時の振動も、ほとんど感じることがない。線路の微妙なガタゴト音が、逆に眠りを誘ってくれる。ベッドの硬さも適切で、痛みやストレスを感じることも皆無だ。

目覚めればもう終点前

翌朝、客車の中が騒々しくなった。時刻はまだ午前六時前。車掌が「次はウドーン・ターニー」と控えめな声で告げている。カーテンを引いて外を見ても、まだ夜は完全には明けていない。しかし目に入る民家が増えてきて、景色は市街地に近づいている雰囲気を示している。

終点到着予定の約一時間前。イサーンムッカー号はウドーン・ターニー駅のホームに滑り込んだ。ここはかつて米軍の基地もあったイサーンの中級都市だ。タイ人の乗客も、ほとんどがこの駅で列車を降りてしまう。

それを横目に客室乗務員が、てきぱきと寝台を片付けている。

朝は終点到着一時間前から車掌が車内を巡回し、客を起こしにかかる。そんなことをされなくても、乗客の大半はすでに起き上がっている。寝ている客のほとんどは外国人だが、そんな彼らも強制的に起こされて、眠い目をこすっている。

予期していた以上の早起きになっているが、体調はいい。広いホテルで横になるより、ぐっすり眠れたような気さえする。

どこかからコーヒーの香りが漂ってきて、否応なしに目が醒めてきた。その香りは車両の後ろにつながれている食堂車から漂ってくるようだ。

朝の風景を眺めながらのコーヒーはまた格別の味わいだが、楽しんでいる時間はほとんどない。気づけばもうすぐそこに、終点のノーンカーイ駅が迫っている。

時刻を見れば、ほぼ定時だ。老朽化した車両の影響で遅れるのが常のタイ国鉄だが、安定した速度で走れるこの特別寝台特急は意外と時間に正確だ。

それどころか、定時より早く着くことさえある。アジアの時間はいつの間にか、日本に近づいているらしい。夜行列車特有の風情には、このままもう少しこの列車に乗り続けていたいと思わせる名残惜しさがあるが、世の中の進歩はそれを許してくれないようだ。


列車が無事に到着したら、荷物をかついでホームに降りる。バックパックを背負った外国人たちは、そろってホームの北側を目指している。彼らは同じこのホームから出るラオス行きの国際列車に乗り換えるのだ。

クルンテープ駅を午後八時三〇分に出る前述のウボン・ラーチャターニー行きイサーンワッタナー号に乗ってもラオスに行くことはできる。ただし、終点のウボン・ラーチャターニー駅に着いても国境まではまだ遠く、そこからバスに乗り換えて、さらに二時間くらいかかってしまう。

しかし、ここノーンカーイ駅からラオス国境までは、歩いてでも行くことができる。メコン川に阻まれ徒歩で越えることはできないが、降りた駅の線路の先に隣の国があるのは新鮮な体験だ。

もうすぐそこに外国がある。ホームに向かって吹いてくる風は、別の国からやってきているのかもしれない。

ラオス行きの国際列車はすでにホームの端に停車して、イサーンムッカー号の到着を待っている。この列車に乗り込めば、そのままラオスに入ることができる。乗車時間は一〇分ほど。その間に駅はなく、乗って降りたらもうそこが隣の国の駅のホームだ。

ラオスへの旅の希望者は、まずはこのホーム北側のイミグレーションでタイの出

国境を目指す特急列車では外国人バックパッカーが目立つ

国手続きをすませ、それから窓口で乗車券を買う。あわてる必要はまったくない。通常では客が列車を待つものだが、ここでは列車が客を待っていてくれる。たとえイサーンムッカー号の到着が遅れても、ラオス行きの国際列車は定時に発車することなく、全乗客が出国手続きを済ませるまでホームで待機してくれるのだ。

ホームに降りた乗客は、列車を乗り換えてそのままラオスに行ってもいいし、駅舎からノーンカーイの町に出て荷物を置いてもいい。国際列車はこの後にも出るし、バスでも国境は越えられる。

日本人は、二週間までならラオスの入国ビザを必要としない。その気になればいつだって、隣の国へと旅立つことができる。急がなければならない理由はなにもない。

ここまで来たら緊張を解いて、駅前に待機しているサムロー（三輪タクシー）に乗り、メコンの岸辺まで行ってみようか。そこで思いきり深呼吸して異国を想うのも、アジアの旅でしかできない体験だ。

長距離バスの楽しみ方

旅情をかもす白粥の味

長距離移動の方法のひとつにバスの利用がある。航空機とも鉄道列車とも違う味わいがあるので、一度は乗って確かめたい。

LCCは長距離路線しかなく、鉄道は気ままに利用するには本数が少ない。乗車距離で二〇〇〜三〇〇キロ、時間にして二〜四時間の移動であれば、便利なのはバスだ。

利用に際して気をつけなければならないことは、特にない。ほとんどは都内のバスターミナルから出発し、最終目的地の手前でも下車できる。トイレは車内に設置されているが、その装備がない場合は一〜二時間に一回程度の頻度で休憩がある。トイレの近さが気になるなら、チケットを買う前にその旨を告げておけばいい。若干高くはなるが、トイレ付きのクラスのバスが選択できれば、その問題は解決だ。

それ以外に困ることがあるとすれば、言葉だろうか。最終目的地が終点ならいいが、そうでない場合は下車ポイントを見つけ出すのが一苦労だ。

事前に車掌や運転手に伝えていても、すっかり忘れられていることがよくあるので、できれば現地の人に現地語で目的地名を書いてもらい、それを見せて念押ししよう。そこまでしても、気持ちよくドライブしているうちに停車を忘れるのが常でもある。

アジアの田舎のバス旅行では、たとえ目的地を行き過ぎたとしても、引き返せるくらいスケジュールに余裕を持たせるのが、ひとつの心得とも言える。これは都内や繁華街でのバス移動と同じ心得だ。

夜行バスの楽しみ方

バスの旅も楽しいものだが、これで一〇時間以上の旅となると、正直厳しい。日中に乗るなら五～六時間の移動距離内での利用にとどめたほうが、体への負担が少なくてすむ。

それ以上の距離、たとえば出発地点から六〇〇キロ以上離れた目的地までバスで移動するなら、思いきって夜行バスを利用しよう。夜行バスには寝台列車とはまた違う旅の楽しみがある。座席も広く、クラスによってはLCCより快適だ。

夜行バスには様々なクラスがある。タイを例にして上位から順に並べると、

・スーパーVIP

夕刻以降のバスターミナルは出発ラッシュ

・VIP
・一等（ファーストクラス）
・二等（セカンドクラス）

……となり、上位ほど乗車料金は高くなるが、乗り心地もぐっとよくなる。

スーパーVIPバスは一列＋二列の二四席になっている。シートは広く、クッションは厚く、バス会社によっては電動マッサージ機能まで備わっている。リクライニング量も多く、水平近くまで背もたれを倒すことができる。

その下のクラスで三二席となり、次は四八席と、安くなるにつれて席数が多くなる。それにつれてシートが狭くなるわけで、快適度はチケット代金と確実に比例している。

タイの場合はこれくらいだが、南北に長く、片道一〇〇〇キロを超える移動が普通にあるベトナムにはフルフラット式の、まるで鉄道の寝台車のような二段ベッド型寝台バス（スリーパーバス）もある。カーテンを引いたらほぼ個室になってしまうこのバスは、ベトナムに行ったらぜひ乗ってみたい。

今回はやや贅沢してスーパーＶＩＰクラスのバスに乗車してみるが、料金的には鉄道の二等寝台列車と同じくらいか、やや高くなるかもしれない。しかし、利用できる機会があるなら体験してみる価値はある。

このスーパーＶＩＰバスに乗ってどこに行くかと言えば、北の観光都市チェンマイだ。タイの場合、最も充実した装備のスーパーＶＩＰバスが走っているのがバンコク―チェンマイ間だからである。

不思議なことに、これより遠くても近くても装備は最新にならない。移動距離がもっと長くなる南部方面行きのバスでも、チェンマイ行きのスーパーＶＩＰバスにはかなわない。ＬＣＣとの間で客の奪い合いが最も激しいのがこの路線だからだろう。

このスーパーVIPのバスチケットはバンコクの北・東北行きターミナル（モーチット）の窓口で購入する。チェンマイや南のビーチリゾートに向かうバスはカオサン通りを中心としたエリアに点在する旅行代理店でも販売されているが、あちらのバスは交通公社（公営）でも民間バス会社のものでもなく、旅行会社が走らせている通称「ツーリストバス」だ。外国人の乗車率がほぼ一〇〇％の、本物のバックパッカー向けバスである。

ツーリストバスの料金はモーチットで購入するより安く、代理店によってはスーパーVIPの半額くらいで販売されている。ただしバスのグレードは価格なりに落ちて、VIPと呼ばれるクラスでも公営の一等バスくらいの装備しかない。無論のことサービスも雑だ。

料金を取るか、サービスを取るか。それは気分と予算次第だが、長時間の移動ではできるだけ快適性の高いバスを選んだほうが後悔しない。

安いホテルの宿泊料金と思えば、スーパーVIPバスはけっして高くはない。車両によっては激安ホステルの窮屈な二段ベッドより快適に思えることすらある。

発車と同時に消灯タイム

乗車料金が少々高くなっても、あるいはバスターミナルまでわざわざ出向く必要があっても、ここではタイの正規のバス会社の、最高クラスのバスに乗ってみたい。

鉄道と同じで、ターミナルの出発時刻は正確だ。遅れないように乗り込んでおきたいが、夜行バスが発車する時間帯は都心で勤務するサラリーマンたちの帰宅時間と重なって、周辺の道路がやたらと混む。飛行機を利用するときのように一〇分以上の時間的余裕を持って、各ターミナルへと向かいたい。

発車すると同時に乗務員が軽食パックと飲み物を配りにくる。いきわたるとすぐに車内の照明が消され、そのまままったくの夜行モードに突入だ。バスによっては航空機のようにシートテレビが付いていて、バリエーションは少ないものの希望の映画を観ることができたりもするが、読書灯はほとんどの場合が壊れていて使いものにならない。

こうなったら、あわてても腹を立ててもしかたがない。やはりこちらも鉄道のように、発車後はさっさと眠りについてしまおう。長距離バスでの移動時には、そうするべき理由があるのだ。

休憩と夜食タイム

発車から数時間後、真夜中なのに、いきなり車内の明かりが点いてしまう。何事かと思いながら眠い目をこすっているうちに、バスはどこかのサービスエリアに滑り込んでいく。

乗務員がタイ語でなにか言っている。意味はわからないかもしれないが、だいたいの内容はこうだ。

「二〇分間休憩します。食事はあちらの席でお願いします。バスのナンバーは×××なのでお間違えのないよう……」

問答無用のアナウンスで迷惑千万でもあるが、実はこれが長距離バス移動のいちばんの楽しみだったりするのだ。

一等乗客用の食堂。わびしさがたまらない

バスを降りる人の流れについていくと、サービスエリア内の食堂に出る。ここで夜食が提供されるのだ。つまり、これは乗客へのサービスなのである。チケットの半券が食事の引換券になっているので、下車する際は忘れずに手にしておこう。

食事の場所と内容はバスのグレードによって決まる。全クラスの中で一番いいのは、もちろんスーパーVIPバスだ。いいと言っても白粥におかずが少々といったところだが、これが不思議としみじみ旨い。

寝ぼけ眼《まなこ》で真夜中に口にするあっさりした味の白粥セット……これがなぜ

か、地方に向かう旅人の胸を打つ。夜中に叩き起こされる迷惑さもあるが、それ以上にこの白粥の味が、常ならぬ旅情をかもし出してくれるのだ。僕などは、ただこの一点だけでも夜行バスに乗る価値があると考えているくらい魅力的な慣習でもある。

バンコク発の北部方面行きなら、タイ中部ナコーンサワン県内のサービスエリアで停車となる。東北部イサーン方面行きならナコーン・ラーチャシーマーの県内で、南部行きならタイ湾上の島に渡る船着き場手前のプラチュアプ・キーリカン県内で休憩だ。

料金の安いツーリストバスは、この夜食タイムのサービスもチープだ。会社によっては売店以外になにも出ていないパーキングでの停車となり、食事ができる場合でも自費での支払いとなる。外国人にタイの習慣を押し付けても意味がないという配慮かもしれないが、どこか手抜きのようにも思えてがっかりだ。

ツーリストバスには、スパイスの足らない料理を出された時のような、どうにもならない残念感が常につきまとう。それがおもしろくないので、僕は少々高くても、バスターミナルから公営あるいは民営の夜行バスに乗るようにしているの

サービスエリアでの休憩は20分ほど

だ。

早朝に到着する気分のよさ

終点のチェンマイには早朝に到着する。到着時刻は午前六時から七時あたりだ。

一般にバスターミナルはタイ語で「ボーコーソー」と呼ばれている。これはタイ交通公社の頭文字を取った略称だが、バスターミナルという意味全般でも使うことができる。地方の町でバスターミナルに行きたければ、とりあえず「ボーコーソー」と言えばいい。大都市では複数あることもあるので、次に行きたい町の名前も告げておけば間違いない。

バンコクに比べると、北のチェンマイは気温が低い。朝は清々しいくらいに冷たく、空気が澄んでいる。ホテルを予約してあるのなら直行したいが、部屋の準備はまだだろう。

外はまだ暗い。まずはターミナルから外に出て、空を見上げてみることにしよう。暗い夜空が次第に青く、そして明るくなっていく様が、手に取るように見えてくる。今日という日への期待感に胸がときめく瞬間だ。

快適な宿はバックパッカーをダメにする

居心地がよすぎる宿も考えもの

いま僕がいるのは、タイ北部の街チェンマイだ。ホテルの部屋のベッドの上で、起き上がろうかどうしようか、贅沢にも迷っている。

チェンマイは一三世紀から二〇世紀初頭まで続いたラーンナー王朝が首都を構えていた街だ。現在はタイ王国の一都市だが、いまも往時の文化と伝統を受け継いでいる、しっとりとした大人の街だ。

時刻は午前八時前。太陽はすでに昇っているはずだが、部屋の中は真っ暗で、外がいったいどうなっているか、ここからはなにもわからない。理由は窓がないからで、日の光がどこからも入ってこないのだ。

日本では天気のいい日は晴れの日と決まっているが、こちらでは雨や曇りの日こそが「いい天気」になる。特に田舎では、曇った空を見上げて「いい天気ですね」と言い合うのが挨拶にもなっている。乾いた大地を湿らせる雨の日や、灼熱のレベルにまで上昇した気温を下げる曇りの日は、タイ人にとっては最高のお天気になるのである。

こういう文化と考え方のある国だから、日差しは積極的に避けられる。日光浴など愚かを越えてバカに至る行為だ。家を建てるときも日本の常識とはまるで逆で、採光がいい物件は最初に拒否される。求められるのは、いかに室内にまで陽の光が届かないようにするか、しっかり考えられている物件だ。

だからタイでは、宿のオーナーから自信を持って勧められる部屋に窓がなかったり、妙に湿っぽかったり、さらにはかび臭かったりすることがある。こうした場合に外国人は「空気の悪い不潔な部屋に押しやられた」「だまされた」と憤慨してしまいがちだが、実際は最高のもてなしを受けていた可能性もあるのだ。

今日の僕の部屋もその類で、部屋には外向きの窓がない。あるのはトイレに設置された換気用の小窓だけで、そこからわずかばかりの光が漏れてくる。常夏の国では、暑さは徹底して嫌われる。熱源となる太陽は、タイではかなりの嫌われ者だ。

「このホテルでいちばんいい部屋ですよ」

そう胸を張って案内されただけあって、室内で暑さを感じることはない。ここは実にタイ的によい部屋だ。どうにも陰気ではあるけれど、郷に入っては郷に従えという故事もあるではないか。

彼らに悪意がなかったのは、部屋の位置からもよくわかる。

三階建ての三階にあるこの部屋の前はチェンマイ旧市街を望む通路兼テラスになっていて、いつでも自由にくつろぐことができる。周囲に高い建物がないから、眺める景色は最高だ。遠くには標高一六七六メートルあるステープ山の稜線が見えている。チェンマイで最も重要な仏教寺院ワット・ドイ・ステープを中腹に抱える聖なる山だ。

窓はなくても、ドアを開ければすぐそこに街があり、自然がある。正直暗いが、広さはまったく問題ない。四〇平米は軽くある室内には、ダブルサイズのベッドがひとつ置かれているだけだ。その他の家具はクローゼットとドレッサーしかない。

非常にシンプルな構成だが、これ以上なにが必要かと問われても、具体的にはなにも思い浮かばない。バックパッカーは必要最小限の荷物を背負って旅をする。た

風通しのいい角部屋に当たると居心地は俄然よくなる

安宿は水シャワーが基本。バスタブなどは、もちろんない

とえ豪壮豪華な部屋を与えられても、それを使いこなすだけの準備がないのだ。必要なのは確かなセキュリティ、静かな環境、汗とともに疲れを流せるシャワールーム、そしてぐっすり眠れる適度な硬さのベッドだろうか。部屋代が安くなればなるほど希望にそぐわなくなってくるが、価格と満足度が合致したときは縁日で福

シンプルでも古びていても清潔で掃除が行き届いていればいい

窓を開けると下町が見える。それが安宿のいいところ

引きでも当てたような達成感に興奮してしまう。

今回のチェンマイのこの宿は、まさにそんな感じだ。これで一泊二〇〇〇円。エアコンとホットシャワーを完備した広く快適な個室でこの値段は、地方都市でしか得られないお得感にあふれている。そこから得られる微妙な興奮は、やはりパック旅行ならではのものだ。

バンコクでは、とてもこうはいかない。個室で二〇〇〇円前後だと、広さはこの半分から三分の一くらいになってしまう。それくらいならまだいいほうで、バックパックを置いたら文字どおり足の踏み場がなくなる部屋でもあたりまえのように案内される。外向きの窓があるかどうかは運次第だが、基本的に住宅密集度が高いバンコクでは、なくても文句は言えない。

文句を言いたいなら、それ以上の出費が必要になる。バンコクでの生活に快適さを求めるなら、ホテル代も含めて地方の倍の出費を計算に入れておかねばならない。

逆に考えると、出費の心配をすることなく快適に過ごしたければ、バンコクを離れて地方に出て行くことだ。都会での暮らしにこだわりがないなら、積極的にそうやって有意義な時間と空間を手にしたい。

居心地のいい宿の功罪

この部屋のように、ホテルと名の付く施設でも一泊二〇〇〇円以下の場合は、外向きの窓がないことがある。あってもタイでは防犯対策としてルーバー式（スリット式）の窓の採用が多く、室内から景色を眺めるには不向きだったりする。

それでも特には困らない。バックパッカーは、日中のほとんどをホテルの外で過ごすからだ。

たとえば僕は、自分でスケジュールを組んで旅に出るとき、つまりバックパッカーとして旅するときは、あまり高価で快適なホテルを選ばないようにしている。事前に予約も入れず、現地に着いても予約サイトに名前が出ていないようなローカル色の強い安宿に、積極的に泊まるようにしているのだ。

それは節約の意味合いもあるが、ホテル内でくつろぐ時間を減らすためでもある。プライベートではなく、旅を仕事にしているときは、潤沢な経費を使って高級ホテルに泊まることもある。それも仕事のうちなのだが、困ったことに、いざその仕事を始める時間になっても部屋から出られないことが往々にしてあるのだ。

快適な空調、寝心地のいいベッド、清潔な寝具、ほのかに漂う高級な香り……そんな幸せな場所でくつろいでいると、日中に暑い屋外に出るなど考えられなくなってしまう。さらには無理やり外に出たところで、さっさと部屋に戻りたくなってしまう。高級ホテルの罠にはまってしまい、正真正銘のナマケモノになってしまうわけだが、そうなったら旅に出ている意味がない。

だからこその安宿なのだ。

そこまでの環境がない場合でも、立派なホテルにはきちんと水の出るシャワーに、いつでも自由に流せるトイレがある。あたりまえのようだが、そうでないのが安宿だ。カランをひねってもお湯どころか水も出なかったり、用を足したあとのトイレを流せなかったりする。

そんな局面に遭遇しても怒り出さず、「出かけている間に直しておいてくれ」とクールに言い残し、予定より長めに外で過ごすのが、こうした宿に荷を置く旅人＝バックパッカーなのである。

旅の世間は外にある。部屋の中では寝るだけでいい。

バックパッカー殺しの宿

もちろん悪いところばかりではない。手頃な宿泊費以外にも、安宿にはいいところがたくさんある。

たとえば、どんな安宿にも価格以上の価値がある部屋はあるものだ。吹きだまりのようなホテルを選んでしまっても、角部屋で、大きく開く窓があって風通しがよく、眺めのいい部屋に通されてしまったら、それは天国に案内されたにも等しくなる。そのうえ従業員が愛想よくて親切で、入口の前には安くて旨い食堂があり、かわいらしい女の子たちがきびきび働いていたりしたら、もうおしまいだ。

バックパッカーが求める「微妙なお得感」のその上を行く「至上の幸福」が、この瞬間に得られてしまった。ここまで条件がそろってしまうと、たとえ底辺クラスの安宿であっても、そこから動けなくなってしまう。そこが永住の地のように思えてしまい、チェックアウトできなくなってしまうのだ。

バックパッカー殺しの宿とは、こうした類の宿を言う。

バンコクのチャイナタウンの項で出てきたジュライホテルなどは、まさしくこんな感じの宿だった。建物の中に数部屋だけある不思議に快適な部屋に通されてしまったため、そのままビザの有効期限が切れるまで居座ってしまったバックパッカーが、ここには普通にいた。居心地のいい部屋でゴロゴロしているのが旅の目的になり、初心を完全に忘れてしまった旅人が続出したのだ。

「チェックアウトはいつでもできるが、ここから出て行くことはできない」

これはイーグルスの名曲「ホテル・カリフォルニア」（日本語詞、なかにし礼）の中の一節だが、まさにこのとおりのことが、九〇年代のチャイナタウンで起こっていたのである。

本当に居心地のいい宿はバックパッカーをダメにする。あまりに快適すぎる宿もまた、真の旅人にはふさわしくないのだ。

旅の宿には当たりはずれがある。たとえ居心地の悪い部屋に当たっても、腹を立てたりしてはいけない。それは「だらだらせずに、さっさと移動しろ」という神の声でもあるからだ。

そうでなければ「おまえの目的は旅することだ」という叱咤で、いずれにしても次の町や国境への移動を目指すべく、さっさと頭を切り換えたい。

周辺国へとつながる道

一度は越えたい国境線

タイという国は、長くいればいるほどバックパッカーをダメにする。九〇年代、首都バンコクはバックパッカーたちの間で魔都と呼ばれていた。ぬるま湯のような環境の中、いつまでもゆったりだらだら時間を食いつぶすことができたからだ。

バンコクには不便というものがない。不便を追うために旅をしているわけではないが、バックパッカーは異国に「日本にはない不便さ」を求めて日本を出ている気配がある。

はっきり「なにもしないんだ」という目的があるならいいかもしれない。ただ単純に異国でエキゾチックな雰囲気と空気を味わうのが目的なら、飽きるまでそこにいて――沈没して――真髄まで味わうのが正しい道だ。
しかし、そうでないなら腰を上げよう。ぬるま湯も、長く浸かると飽きてくる。自由にできる時間は永遠にあるわけではない。この便利さに不満と退屈を覚えたら旅立ちの時だ。

バックパッカーは国境を目指す

どれだけ長居を決め込んでも、その国にいられるのはビザの有効期間内だけだ。いまは明るい観光旅行者でも、ビザが切れれば不法滞在者になってしまう。後ろめたさを感じながらの毎日は、はっきり言って楽しくない。異国の旅を本気で堪能したいなら、そうなる前に出国だ。

ビザが切れる日……いかに堕落した日々を送っていても、その日が旅立ちの最終期限だ。タイであれば観光ビザが切れる六〇日目、延長して九〇日目がその節目。現在でも、それを目安にすればいいだろう。

目的がないならそこまで長くいる必要もないが、幸いなことに（？）沈没型バックパッカーの天国であったタイも、長居するためのビザが発給されにくくなった。アジア諸国のビザについては続く第二部で説明するが、こうした各国政府の動きも鑑みながら、次にどこに行ってなにをするかの計画を立てたい。

日本を出国する前に、だいたいの計画を立ててきたかもしれないが、バックパッカーにとって予定と未定は同じ言葉だ。激安航空券が発売されたらそれに乗り、未踏のルートが発見されたら今度はそこに向かって進んでいく。東西南北のどこに行っても誰からもなにも言われないどころか、逆に絶賛されるのが、僕らの属することの世界なのだ。

そこでどこに行くかだか、バックパッカーとして旅するなら、一度は陸路で国境を越えたい。バックパッカーの世界には、越えないことにはバックパッカーと呼べない空気もある。いや国境をその足で、自力で越えたか越えないかによって一般の旅行者とバックパッカーの違いが生まれている感があるとさえ言っていい。

パッケージツアーに参加してどれだけ多くの国の入国スタンプを集めても、陸路の国境を何度も自分の足で越えてきた旅行者のほうが格上と見なされる。この世界では「どれだけ多くの国に行ったか」ではなく「どうやってそこまで行ったのか」

で評価されるのだ。

いまや海外は遠い世界ではない。出張ビジネスマンではないのだから、多くの国を訪れた体験だけでは自慢にならない。重要なのは旅の過程であり内容なのだ。

またもや幸いなことに、タイという国は四つの国々と陸路で接している。まるでバックパッカーに便宜でも図っているかのように、日本では絶対に不可能な陸路国境越えを、四つの国で体験することができるのだ。

この便利さを利用して、行けるときに、行けるところまで行っておこう。そして越えられるときに、越えるのだ。バックパッカーは、国境を越える度にたくましくなる。いまがまさしくその瞬間だ。

まずは行動、そして黙考――これこそが、いつになっても変わらないバックパッカーの基本姿勢なのである。

いざ国境へ

国境は国と国とを分割する、いわゆる「線」だが、この線はもちろん簡単には越えられない。現地人も外国人も、越えられるのはこの国境線上に設けられたチェックポイントからだけだ。
このチェックポイントには現地人だけが利用できるものと、現地人・外国人の両者ともに利用できるものがある。ただ単純に興味だけで国境を見たいなら――といってても実際に線が引いてあるわけではないのだが――どこのチェックポイントに行ってもいいが、国境を越えて隣の国に入り、そのままその国を旅するつもりなら、パスポート・コントロールの用意があるチェックポイント（出入国管理窓口のあるポイント）から出て行かなければならない。
たとえば、タイから周辺国に渡る一般的なチェックポイントはラオスとの国境線上にあり、ここからはラオス経由でベトナムや中国に入ることができる。これらのチェックポイントはバックパッカーの利用も多く、通過に手間取ることもない。
ノーンカーイ（タイ）――バスまたは鉄道――ビエンチャン（ラオス）
チェンコーン（タイ）――バス――フエイサイ（ラオス）
ナコーン・パノム（タイ）――バス――ターケーク（ラオス）

カンボジア－タイ間は徒歩でも出入国できる（ポイペト）

タイ－ミャンマー国境のイミグレーションだが、ここからは出国できない（サンクラブリー）

ムクダハーン（タイ）――バス――サワンナケート（ラオス）
チョーン・メック（タイ）――徒歩――ワンタオ（ラオス）

タイとラオスの国境線の大半はメコン川だが、両国民を除く外国人はこの川を船で渡ることができず、国境を越える際はバスまたは鉄道を利用する義務がある。ただし、チョーン・メックのみ陸路上にチェックポイントがあり、拍子抜けするほど簡単に、自分の足で歩いてラオスに入ることができる。

タイから周辺国へ渡るチェックポイント

東のカンボジア国境では、

アランヤプラテート（タイ）――徒歩――ポイペト（カンボジア）

のルートで世界遺産のアンコール・ワットを通り抜け、ベトナムまで行くことができる。遺跡に興味がなければ美しいタイ湾の海を眺めながら、

ハート・レック（タイ）――徒歩――チャム・イェム（カンボジア）

のルートで国境を抜け、カンボジア西南部経由で首都プノンペンに入るのも一般的だ。

一方の南部では、

サトゥン（タイ）――船――ランカウイ（マレーシア）

のチェックポイントを利用して船で海上の国境を越え、マレーシアに入国することができる。南国のビーチを堪能しつつ国境を越えていくなら、ここを利用しよう。

　マレーシアに入るルートで完全に陸路を利用するのなら、

サダオ（タイ）——徒歩、車、鉄道——ブキット・カユ・ヒタム（マレーシア）

のチェックポイントが簡単だ。ここから国境を通過すれば、リタイヤした日本人のロングステイ先としても人気のペナン島まで数時間で行くことができる。ペナン島にタイ領事館がある関係で、このルートはビザの手続きなどが必要な旅行者やタイ在住者にもよく利用されている。

　鉄道は、ここからマレー半島を南下してマレーシアの首都クアラルンプールに入り、終点のシンガポールまで続いている。マレーシアからシンガポールは、ジョホール海峡を橋で渡って国境突破だ。

　各チェックポイントでは荷物とパスポートをチェックされる。空路が陸路に変わったただけで、空港内での検査とまったく同じだ。

違法な薬物や免税額を超える金品を持っていたり、有効なビザを用意していなかったら、チェックポイントは通過できない。その場で追い返されるか、別室に連れて行かれて詳細に検査されるかのどちらかだ。

陸路だからといって職員のチェックが甘くなることはない。むしろ厳しくなるくらいで、ここは油断せず緊張感を持って通過しよう。

国境には旅のロマンが詰まっている。これを次々と越えていくのがバックパック旅行の本質でもあり、魅力と言っても過言ではない。

いやむしろ前項でも書いたように、「国境を越えなくてバックパッカーと言えるか」と言い切ってみてもいいだろう。

ひとつ国境を越えるごとに、そうやって異国に足を踏み込むごとに、新たな興奮が追加されていく。

「バックパッカーとして旅をしてきた」と胸を張るなら、ひとつでもいいからどこかの国境を自分の足——または車、船、列車——で越えておきたい。

国境を越えると風景も文化も一転する

国境を越えると国教も変わる。ダジャレのようだが、場合によっては実際にそうなる。

たとえばタイ—マレーシア国境がそうだ。仏教国のタイからイスラム教国のマレーシアに入ると、その洗礼をいきなり鮮烈に受けることになる。

女性は頭にヒジャブと呼ばれるスカーフをかぶっている。男性も丸い帽子をかぶっている姿が目立つ。服の色もなんとなく地味で、どこか落ち着いた印象がある。

風景そのものはあまり変わらないので、全体の違いがよくわからない。それでもなにか微妙に違う。この時間と空間を一気に越えてきたかのような違和感が刺激的で心地いい。

仏教徒とイスラム教徒では食文化も違うので、町に漂う匂いも違う。空気そのものの味と濃度も違うように感じられる。時差は一時間だが、それ以上の違いがこの両国にはある。

国境を簡単に越えられるからこそ味わえるこの不思議な感覚——これまでとは違

この鉄橋の向こうはマレーシア。現在は使われていない（タイ深南部東側）

海を渡ってマレーシアに向かう高速船（タイ南部西岸）

う新しい世界への期待と興奮に胸がときめく瞬間だ。

宗教は同じでも国家のシステムが違うと、やはり雰囲気は変わってくる。自由主義社会の国と社会主義国家では緊張感が明らかに違う。タイとベトナムは似ているようでも、官憲に対する考え方や接し方はまったく違う。

さらには人と車が行き来する方向が違う。タイとマレーシアは日本と同じイギリス式で、人は右、車は左で行き来する。ところがラオス、ベトナム、カンボジアはフランス式で、人は左、車は右で移動する。ミャンマーも同じで、バスやタクシーのドアも日本とは逆だ。

日本人がタイに行ってもそれほどの違和感を持たないのは、車の行き来が日本と同じだからだろう。それが隣国との国境を越えた瞬間から、目に飛び込んでくる動きが逆になる。

ここでは常識も逆になっているのではないか……そんな恐怖が頭をよぎる。そこまで逆になっていることはもちろんないが、こうした衝撃もまた陸路で国境を越えたときにしか得られない楽しみのひとつである。

Part 2

旅の準備編

旅立ちのチャンスは、
いつやってくるかわからない。
そのときになってあわてないよう、
いつでもすぐに飛び立てる準備を、
いまのうちからしておこう。
あとはただ、その日そのときが来るのを待つだけだ。

バックパッカーになって自由な旅を手に入れる
すべてを背負って出発だ

バックパッカーとは、文字どおり「バックパックを背負って旅する人」を言う。バックパックとは、古い言葉で言うならリュックサックだ。小学校の遠足の時に背負ったあれである。小型のものはナップサックと言ったりデイパックと呼んだりしたが、その背に負うバッグが大型化して頑丈になったものがバックパックと思えばいいだろう。

バックパッカーは、その中に必要な用具をすべて詰め込んで旅をする。すべての家財道具と生活道具を持ち運びながら、世界各国を移動するのだ。

バックパックを開いたら、そこが我が家であり、我が部屋となる。荷物を詰め直せば引っ越し準備の完了だ。

このように身辺をできるだけミニマム（最小限）にし、フットワークをマキシマム（最大限）にまで高めたのがバックパッカーと呼べる人たちなのである。

荷物は大きく重いかもしれないが、その身は軽い。軽い分だけ自由度が高く、予定や行動は臨機応変にアレンジが可能だ。

この身軽さがあってこそ、行きたいときに、行きたいところに行くことができる。あとに残していくものはなにもない。それらはすべて、背中にかついだバックパックの中にある。

バックパックを背負った旅を別名で「自由旅行」と呼ぶのは、それが理由だ。

自由な旅をしてみたい

旅＝自由。

旅という言葉から最初に連想するのは、それだろう。

しかし実際の旅——旅行——は言葉ほど自由ではない。

まずはバス、列車、航空機の出発時間が決まっている。それにともなう形で起床時間や食事の時間が設定される。行動予定も決められているので変更はできない。どれだけ疲れていても、もっと楽しみたくても、すでに決められている予定と計画が優先される。

自由なようでいて、実は少しも自由になれないのが通常の旅行＝パッケージツアーかもしれない。それが海外旅行であれば、ただ外国に行って自由になれたような気がしたような……それだけのことにもなってしまう。

そこでバックパッカーだ。彼らは時間を気にしない。基本的には単独または少数での行動だから、予定はあってないようなもの。周囲の見知らぬ人たちと行動をともにしなければならない理由もない。

交通手段のスケジュールは把握しておく必要があるが、いつ、どこからなにに乗るかを決めるのは自分自身だ。

移動したくなければ、しなくてもかまわない。それでも旅と言えるかどうかは、自分自身で決めればいい。そうとなったら時間さえも気にする必要がなくなってしまう。

自由になるか、ならないかまでも、自分で決めることができる。そうしたすべての決定権を持っているのがバックパッカーなのだ。

パッケージツアーでできること、できないこと

旅行会社が企画するパッケージツアーに参加して得られるのは、これだ。

・確定された往復航空券
・手堅くソツのない観光名所巡り
・名所旧跡の日本語での解説
・現地での移動（車）の手配
・見知らぬ街での道案内
・三度の食事の手配
・ベッドの上で必ず眠れる安心感

一方で、パッケージツアーでできないことを挙げると、このようになるだろうか。

・帰国日未定の航空券を手に入れる
・決められたスケジュールから逸脱する
・その場での思いつきによる予定変更
・朝寝坊
・昼寝
・単独行動
・路上の屋台やローカル食堂での食事

つまり、これらの「パッケージツアーでできないこと」を自らの意志で実践している旅人がバックパッカーなのである。

簡単に言ってしまえば、両者の違いはスケジュールに沿った旅をするかしないかだけかもしれない。しかし、自分の思いどおりに動いたほうが楽しく、また気分も最高になれるのだから、これはどうにもやめることができない。

身の程にあった旅

バックパッカーになるのはハードルが高い……と思っている人が、まだいるかもしれない。そう思い込んでしまったために、これまでバックパックを背負えなかった人も、きっといることだろう。自由な旅を実践する彼らに憧れてはいたものの、その後にできたのは社員旅行だけという人もいるはずだ。

「バックパッカー＝極限の旅を遂行する人」だと思っていたら、そうなるかもしれない。しかし、バックパッカーは冒険家とは違う。冒険家のバックパッカーはいても、バックパッカーのすべてがタフな冒険家ではない。

究極を追い求めている人たちのように見えるが、実際はそうでもない。それどころか、むしろナマケモノに近い連中と言っていいのは、先に挙げた「パッケージツアーでできないこと」を見るまでもなく明白だ。

ごろごろ転がっているのが常で、いつどこで食事をしているのか、さらにはいつ旅をしているのかすらもはっきりしない。それがバックパッカーの正体だったりもする。

しかし、それは単純になまけていたり、ズボラだからではない。ただ自分たちの哲学に沿って旅をしているに過ぎないだけだ。

「自分にできる範囲のことを、思いきってする」

彼らの哲学を一行でまとめると、このように言い切ることができる。

バックパッカーは、自分の能力を超える旅はしない。彼らは限界点を見極めて、その範囲内で最高の楽しみを得ている。その思いきりのよさが痛快であり、彼らに憧れる理由なのだ。

要約すると、バックパッカーは、

――自分の力で持てる（かつげる）荷物しか持たない
――自分の足で歩けるところまでしか行かない
――自分の行きたいところにしか行かない
――自分が使える経費以上の規模での旅はしない（できない）

食べて呑んで遅くまで語りあうのも旅の楽しみ

……と、こんなものである。実にまったく、たいしたものではない。だから、若くもないし、体力もなく、金もない……そう思ってあきらめているなら、ここで考えを改めよう。その範囲の中でもできる旅は、必ずある。それをするのがバックパッカーだ。

　自由度は高いものの、そのハードルは意外と低い。年齢、体力、予算の関係で限界を超えるのは厳しくても、限界の近くまで行くことならできる。ならばそこまで行ってみようではないか。行けるうちに、いまのうちに。

若い人たちのようには旅ができないかもしれない。しかし、それを恥じる必要はない。山の頂上を目指すばかりが旅ではない。頂上を眺めながらゆっくり茶の湯を楽しむ旅にも、冒険とは違った味わいがある。

結局のところ、自身の身の程を知って旅しているのがバックパッカーなのである。そこに資格などはない。年齢や体力にも関係はなく、いつでも、その気になれば彼らのようになれるのだ。

行くならいまだ

バックパッカーになるのはいつがいいか？

それはもちろん、行きたいと思った「いま」しかない。

なにしろ自分の荷物は自分で運ばなければ——背負わなければ——いけないのだから、やってみるなら体力のあるうちがいい。

それでもいま説明したように、体力がなくてもかまわない。大きすぎるなら小さくし、重すぎるなら軽くして、自分に合わせた荷物をかつげばいいだけだ。

長い旅ができないなら短くすればいい。それを決めるのもまた自由だ。なにを取ってなにを捨てるか。それらは準備を進めていくうちに自動的に決まってくるので、始める前から思い悩む必要はない。それはまるで神の手が、僕たちのためにそうしてくれるように、自然に、そして最もふさわしい形に仕上がっていくのだ。

繰り返しになるが、バックパッカーは特殊な人種だけができる特殊な旅のスタイル……もしもそう思っているなら、いまが考えを変えるときだ。

バックパッカーになれるのは、世を捨て、ドロップアウトした人間だけではない。ただちょっとした勇気と行動力があれば、そうなることができるのだ。

そのための準備を、これから始めていくことにしよう。

バックパック旅行を始めるための準備

最低限の準備でも十分だ

バックパッカーだから、バックパック旅行だからといって旅の準備は大きく変わらない。ただし、旅行会社が企画するパッケージツアーの旅よりバックパック旅行のほうが荷物は多くなる。現地ガイドがいない分だけ事前情報も必要だ。

のんびり構えていても前には進まない。重要な装備や心構えが抜け落ちていても、誰もなにも教えてはくれないし、手伝ってくれることもない。立ち止まることなく作業を進め、旅への障害を取り除いていこう。

自分自身の手による自分自身のための旅は、すでにこの段階から始まっている。まずは行動第一ではあるが、準備には手抜かりないようにしたい。

ここではアジア方面、特にタイまで向かうことを前提にして、日本から持って行く必要はないもの、現地で買ったほうが安いものは省いて説明していくことにした。後から間に合わせるものは、追って説明していくことにする。

まず、出発前に必ず準備しないといけないものは、次の五つだ。

1・有効期間が六ヶ月以上残っているパスポート
2・入国に必要なビザ
3・ビザ免除で入国する際に必要になる往復航空券
4・旅費
5・到着初日の宿

極端なことを言えば、これら以外はなにもなくてもいい。これらはすべて、今回の旅の最初の目的地であるタイ王国内で買い求めることができる。はっきり言ってしまえば、前記の五点が揃った時点で飛行機に飛び乗り、日本を離れてしまってもいいわけだ。

もちろん旅の初心者がいきなりここまで所持品をそぎ落とす必要はないが、結局のところバックパッカーに必要なのはこれだけだと思っておけば、気持ちが楽になるというものだ。

それでは、これらの「基本的準備」について、順に説明していこう。

1・パスポートを確認しよう

なによりも大切なのがパスポートだ。これがなくては始まらない。なければ出国できないし、航空券も買えない。

海外旅行の経験があり、すでに手元にあるなら有効期限を確認しておきたい。期限切れまで六ヶ月を切っているパスポートでは、アジアのどこの国にも入国できないからだ。基本的なことでありながら、これで入国拒否に遭う外国人がかなり大勢いる。期限が微妙だったら、さっさと新しいパスポートに切り替えてしまおう。

有効期間がギリギリ残っている場合は、とりあえず入国してその地の日本大使館で作り直すこともできるが、更新手数料は日本円で計算されるので、物価の安い国に行ったからといって安上がりにはならない。むしろビザや入国スタンプの移し替え作業が面倒になるので、できるだけ出発前に新しくしておきたい。

2・アジア各国のビザ事情

パスポートの次はビザの取得だ。

国境を越えて外国に入るためにはビザが必要となる。ビザとは入場券のようなものので、たとえパスポートを所持していても、これがなければ入国は許可されない。

パスポートは日本の役所で取得するが、ビザはそれぞれの国の大使館または領事館で取得する。ビザはパスポートにスタンプまたはシールで貼りつけるので、取得はパスポートが先、ビザはその後の手続きだ。

ただし、東南アジアのほとんどの国では短期間の滞在限定でビザが不要（免除）になっているので、日程次第では取得の必要がないかもしれない。これらは事前に要項を調べ、無駄骨を折らないようにしたい。

東南アジア各国のビザ免除条件は、二〇二一年一月現在では次のようになっている。これら条件は頻繁かつ唐突に変更されるので、出発前に各国大使館のホームページを参照し、最新の情報を確認しておきたい。新型コロナウイルス関連の情報は、とくにしっかり目を通しておこう。

・タイ　空路入国で三〇日間以内の滞在ならビザ不要（陸路入国の場合は一五日間。一年に二回まで）
・ラオス　一五日間以内の滞在ならビザ不要
・マレーシア　九〇日間以内の滞在ならビザ不要
・カンボジア　事前の取得が必要（到着時に国際空港内でも取得可）
・ミャンマー　三〇日間以内の滞在ならビザ不要（暫定施工中）
・ベトナム　一五日間以内の滞在ならビザ不要
・シンガポール　空路入国で三〇日間以内の滞在ならビザ不要（陸路入国時は一四日以内）
・インドネシア　三〇日間以内の滞在ならビザ不要
・フィリピン　三〇日間以内の滞在ならビザ不要

ビザは切れれば取り直しができる。免除されている場合は、許された滞在日数を超えないうちに出国し、再度入国し直せば、新たに規定日数での滞在が許可される。規定の滞在日数を超えての滞在は「オーバーステイ」と呼ばれ、移民局による取り締まりと強制退去の対象となるが、超えさえしなければ問題ない。

ビザが切れる（滞在期限が切れる）ギリギリの当日に他の国に向けて出国し、その当日に戻って新たに一五日なり三〇日のビザを取り直して滞在しなおす行為は「ビザ・ラン」と呼ばれ、バックパッカーの間では普通に行われている。このビザ・ランの繰り返しが規制されているのはタイとシンガポールくらいで、そこさえ注意していれば、カンボジア以外はあえてビザを取得する必要はない。東南アジア諸国限定で旅をしても、よほど長期の旅程にならないかぎり、ビザを取る面倒に直面することはないだろう。


アジア各国への入国に関して言えば、現代は二〇世紀末のバックパック旅行全盛時代に比べ、非常に楽でスムースになっている。

ベトナム、ラオス、ミャンマーはビザが免除になり、格段に楽になっている。マレーシア、シンガポール、インドネシアに関しては、以前とほとんどかわりがない。

カンボジアはいまだにビザが必要だが、空路入国の際は空港到着時に取得できるようになった。大使館まで出向いて申請する必要がなく、この国も楽になったと言える。

ただ、タイだけは非常に面倒になった。陸路での年間入国回数に制限が加わり、何度も国境を越えるのが難しくなっているのだ。

国際テロリスト対策で滞在条件を厳しくしたのがその理由で、結果としてタイを起点にしたビザ・ランができなくなっている。以前が簡単すぎたのかもしれないが、アジアを旅するバックパッカーにすれば、この一帯のハブでもあったタイに自由に出入りできなくなったのは大きな痛手だ。

アジアを旅するバックパッカーの行動様式は二〇世紀と二一世紀とで大きく違っているが、そこには時代の変遷もあれば、移動のしやすさや居心地の変化という理由があるのだ。

3・帰国用航空券の所持が基本

短期間の滞在ならビザは必要ない。そうなるとビザなど最初から考慮する必要がないのでは……と思われるかもしれないが、まったくの無条件で免除になっているわけではない。

入国ビザを免除する条件のひとつとして、日本への帰国能力を証明するための帰国用購入済み航空券が必要になっている国がある。タイやベトナムがそうだが、これがなければ到着しても、イミグレーション（入国窓口）で追い返されてしまう。以前は航空券を購入できる現金があれば入国できたが、最近は厳しいというより不可能となっているのが実情だ。

日本の航空会社もこの事実を把握していて、片道航空券だけではアジア行きの航空機に乗せてくれない。帰国用の航空券を持っていなかったのが理由で到着地の国で入国拒否になった場合、乗せた航空会社の責任になってしまうからだ。

かつては帰りの予定をはっきり決めず、「行けば行ったでなんとかなる」の考え方で旅ができたし、バックパッカーたちは実際にそうしていたが、いまはもう通用しない。このあたりの厳しさは二〇世紀の時代には考えられなかった。ここでも時代は変わっているのだ。

日本を出国できなければ旅が始まらない。今回のようにタイを最初の目的地としている場合、これは非常に大きな問題となる。だったら事前にビザを取得しておけば……と思いきや、国によっては観光旅行者向けのツーリストビザ（観光ビザ）を取得する際にも帰国用航空券の提示が求められる。つまり事前にビザを取得する――しないにかかわらず、海外から日本に戻るための航空券を持っている必要があるのだ。

そうなったら買うしかない。帰国の予定がはっきりしているなら、日本発の往復航空券を普通に購入しよう。それさえあれば、事前にビザを取得していなくても、入国窓口の係官は黙ってパスポートに入国スタンプを押してくれる。「三〇日を過ぎたらどうするか」と問われたら「その前に別の国に行く予定だ」と答えればいい。

困るのは帰国予定の決まっていない長い旅を始める場合だが、その場合もとりあえず一年間有効の、帰国日の変更が可能な往復航空券を買っておけば間違いない。ビザなしで出国したり入国したりする方法はほかにもいくつかあるが、上級者向けのテクニックも必要になるので、ここでは最も簡単な方法だけを記しておくことにしたい。

4・旅の予算

旅の予算は、人それぞれだ。ゴージャスな旅をしたければ潤沢に用意すればよく、わずかの予算で「とにかく旅を」というならば、手持ちのお金をすべてかき集めておけばいい。予算がなければないなりに、身の丈にあった旅をすればいいだけだから、嘆く必要はまったくない。

僕の経験から言うならば、どのクラスのホテルに泊まるかによって、その人の旅の予算が決まってくる。これは東南アジアにおけるバックパック旅行の予算の目安だが、僕はだいたいこのように見ている。

ホテルの宿泊代金（一日分）＝その日の生活費

たとえば一泊二〇〇〇円の宿に泊まった場合、飲食その他でほかに二〇〇〇円が必要になると見ておくわけだ。宿泊費を含めれば一日四〇〇〇円が必要になるという計算だ。実際にはそこまで使うことはないかもしれないが、余った分はやがて必要になる長距離移動の際の旅費に回せばいい。

この計算でいけば、週に二万八〇〇〇円、一ヶ月なら一二万円の用意が必要となるが、若いバックパッカーであれば恵まれすぎな予算とも言える。もう少し出費を減らしても、楽しい旅ができるはずだ。

予算をもっと緊縮したいなら、一泊一〇〇〇円未満の安宿を探すことだ。その場合は一日二〇〇〇円ですむわけで、週に一万四〇〇〇円、一ヶ月なら六万円で旅することができる。そんな低予算で海外旅行ができるのか疑問に思われるかもしれないが、二一世紀に入った現代でも、東南アジアではできないことはない。一泊一〇〇〇円未満の宿も、いまだ健在だ。

その一方で、一泊一万円のホテルに泊まった場合は別に一万円が必要になるわけだが、このような宿に泊まる人の市内での移動はバスではなくタクシーだろうし、食事も屋台ではなくエアコンの効いたレストランを使うはずだ。大都市間の移動は航空機で、エアコンの付いていないおんぼろバスには乗るはずもない。

そうなれば、やはりこれくらいは使うだろう。逆に言えば、これくらい使わなければホテルの立派さに自分自身が見合わなくなる。惨めさばかりが気になって、どうにも楽しくない旅になりそうだ。

この目安の例からもわかるように、僕は泊まるホテルの格によって旅する人のスタイルが決まると考えている。

一泊一〇〇〇円の宿は、物価の安い東南アジア地域でもオンボロだ。個室の場合は古くて狭く、新しい場合はドミトリーしか見つからない。そんな宿に泊まる客が高価なコロンの香り漂うサマージャケットを羽織っていたり、ポロシャツにアイロンの利いたスラックス姿だったり、サマードレスを着ていることはない。もっと安くてくたびれた、ヒッピーまがいの気楽な服装をしているはずだ。

それと同じ理由で、襟首の伸びきったTシャツに洗い込んで穴の空いた半ズボン、さらに足元にはすり減ったビーチサンダルという格好で高級ホテルのアフタヌーンティーを楽しむ旅行者もいないだろう。

旅人は、自分の旅のスタイルに見合った宿（ホテル）を自然と選ぶようになっている。だから、まずは自分の泊まりたいホテルを選び出し、それに見合った支出を計算し、旅行日程（日数）を割り出してみよう。そこから自分の未来が――どのような姿で異国の大地に立っているかが――が浮かんでくるはずだ。

次の項では、そんな重要な旅のスタイルを決めることになる最後の「5・到着初日の宿」について、詳しく説明していくことにしたい。

コラム

海外で取得するビザ

ビザは、すべて日本で取得していく必要があるとは限らない。どこかの国に行ってから、その地の大使館・領事館で目的国のビザを取得することもできる。以前からビザは、入国目的国の近隣国で取得するのが最も簡単だと言われている。そこまで行かなくても、とりあえず日本以外の国で取得したほうが簡単だ。外国人の入国を極端に制限している国や特殊な社会主義国を目指してでもいないかぎり、ビザは海外に出てから取得するのがいいかもしれない。

かつて二〇世紀に自由を謳歌したバックパッカーたちは「どの国のどの大使館（または領事館）でどの国のビザを取るのが最も簡単か」の情報をお宝のごとく交換しあって旅を続けた。同じ国のビザであっても大使館が違えば書類の数や審査の難易度が大きく違っていたからだ。

たとえばタイのビザであればサワンナケート（ラオス）やペナン（マレーシア）が取りやすく、ビエンチャン（ラオス）やクアラルンプール（マレーシア）は難しいとか、ハノイでは不可能でもホーチミン・シティ（いずれもベトナム）は簡単だったとか、そういった事実は確かにあった。しかも情報はその時々によって変わり、デマや噂や悪質な嘘もあって、外国人はいつも混乱していた。バックパッカーが屋台で酒を酌み交わすときは、この手の話題が必ず俎上に載せられたものである。

しかし、現在の東南アジア諸国は日本人に対してビザの取得を免除する方向に向かっている。そのため短期の観光旅行では、もはや大使館を訪れる必要もない。また大使館そのものがホームページで情報を公開し、窓口業務の整理を図ってもいる。

いまや旅の情報はネットを介して集めるのが常識の時代だ。バックパッカー同士の交流頻度や親密度は以前ほど濃くないし、深くもなくなっているが、そこにはこうした理由もあるようだ。

カンボジアのビザはタイ－カンボジア国境でも取得できる

ホテルの予約
バックパッカーが泊まる宿

パスポートを取得して、航空券を購入し、ビザの問題を解決したら、次は宿の確保だ。

どこに行ってなにをするかは現地に着いてから考えてもいいが、初日の宿だけは日本を出る前に決めておきたい。よほど旅慣れているか、現地事情に詳しい人以外は、確実に部屋を確保してからの出発が鉄則だ。

異国の旅では、どこで眠るかが一番の問題となる。当日の宿がない不安はなによりも大きい。たとえ食事ができなくても、言葉が通じなくても、泊まるべき宿がない恐怖に比べれば、なんということはない。

しかも到着したその日は、旅の全行程でいちばん多くの物資を持っている。現金も貴重品も、最も多く手にしているはずだ。

服には折り目がきっちりつき、バックパックはピカピカの新品……そんな初々しい姿をさらすのは旅慣れていない自分をアピールしているのと同じこと。つまり、最も狙われやすい状態になっているわけだ。

治安は日中より夜間のほうが悪くなる。陽が暮れてきたにもかかわらず今夜の宿が決まっていない心細さは旅人だけが味わえる特典ではあるが、そこまで高度な魅力を堪能するのはもう少し旅慣れてからがいいだろう。

「ホテルなんて現地に着いてから探せばいい」

という考え方は昔からある。「旅なんて行けばなんとかなる」と同じ考え方で、それはいまでも正しくはあるが、現代は二一世紀。時代は大きく変わっている。

到着を待ってくれている人と場所があるとないとでは、安心感は大きく違う。国際空港の周辺は、特に怪しい輩が多い。そんな緊張感ある場所で不必要な長居をしないためにも、宿泊先の事前確保は重要だ。

すべての日程分の宿を確保する必要はない。とりあえず必要なのは、到着当日の宿だ。どこの国に行く場合でも、できれば到着から数日分、最低でもその日の夜の分は、確実に予約を入れておこう。

宿泊施設の四つのカテゴリー

宿泊施設は旅行者のニーズに合わせていくつかのカテゴリーに分けられている。東南アジア諸国であれば、おおまかに次のように区分される。

・ホテル（個室）
・旅社（個室）
・ゲストハウス（個室）
・ホステル（ドミトリー／個室）

最近は民泊という選択もあるが、当たりはずれが大きく、極端に安くもないので、ここでは省いて考えることにしたい。

ホテルに関しては、その言葉を耳にして頭に浮かべるそのままだと言っていいだろう。個室で、室内にバス・トイレが付いている。あたりまえのようだが、格安の宿泊施設ではそうなっていないから、あたりまえのことではない。

これは宿に限ったことではない。支払う代金が下がるにつれて、あたりまえのことがあたりまえでなくなってくるのが世の中だ。それを乗り越えて前に進むのが、バックパッカーという人種でもある。

ホテルには高級（リゾート）、中級、エコノミーと、いくつかのグレード（格式）がある。このグレードは部屋代に比例していて、高い代金を払えば立派なリゾートホテルになるし、安ければエコノミーホテルになる。グレードを明確に区別する基準はないが、プールやフィットネスルームの有無など、客室以外の部分の充実度でその差が生まれていると考えておけば間違いない。

続く旅社とは、東南アジアでよく見られる華僑経営の商人宿だ。英語の名前も付けられているが、それより中国語（漢字）の看板のほうが大きい宿がそうだと言える。

全般に時代を感じさせる古びた内外装が特徴だが、最近は経営者の世代交代でリノベーションされている旅社も増え、結果として中級ホテル並みのグレードを持つようになってもいる。部屋代もそれに合わせて上昇しているが、一方で漢字の看板の存在感が小さくなっているのが時代の流れだ。

部屋は個室でバス・トイレも備わっているが、室内・館内ともに設備は極めて質素だ。部屋代はエアコンとホットシャワーの有無に加えて、テレビがあるかどうかでも差が付けられる。ほとんどの場合プールはなく、飲食施設も備わっていない。

ゲストハウスは、二〇世紀の終わりごろまでのタイで主流だったバックパッカー向け安宿の総称だ。その名を聞くだけで興奮してくる元バックパッカーも大勢いることだろう。

基本は個室で、部屋代の違いはエアコンの有無によるところが大きい。室内はだいたいにおいて狭く、バス・トイレが備わっているかどうかは料金次第。バンコクでは備わっていないところのほうが多く、その場合は共同となる。シャワーからお湯が出ることも稀だが、乾期（＝寒期）を除いてそれを求められることもまた稀だから、いいとしよう。

このゲストハウスが二一世紀に入って発展したのがホステルになる。

ホステルは二段ベッドを並べたドミトリー（相部屋）中心の安宿で、ヨーロッパではあたりまえの宿泊施設だったが、東南アジアでは不動産の高いシンガポールを除いてあまり目にすることがなかった。これがいま、ブームと言えるほど爆発的に普及し始めた。

バス・トイレは共同だが、シャワーからはお湯が出て、エアコンとＷｉ‐Ｆｉは必ず備わっている。このあたりが現代のバックパッカーのニーズに応えている点だろう。これらはホステルに必須の設備で、備わっていないと利用者もいない。つまり現代のバックパッカーは、かつてのバックパッカーより数段上の快適性を旅に求めているのだ。

料金で言えば、ドミトリーにもかかわらずゲストハウスの個室より高いことがしばしばあるので、新しさ、清潔さ、機能性を取るならホステル、プライバシーを重視するならゲストハウスと考えて泊まり分けしよう。

以上、バックパッカーを名乗るなら、宿泊はホステル、ゲストハウス、旅社あたりまでになるだろう。ルームサービス付きのホテルに泊まるのは快適だが、そこは僕たちのための場所ではない。そんなところに泊まる余裕があるのなら、その分の予算をまだ見ぬ世界の探索や食事代に回すのが本物のバックパッカーだ。

ただし、部屋代の安さばかりを追いかけていると、治安と利便性を犠牲にする可能性が出てくる。極端に部屋代の安い宿には、そうしなければならない理由があるのかもしれない。

最近のタイはホステルブームで、あちこちにホステルが作られているが、その中には「こんなところに泊まったら不便きわまりないぞ」と思うようなところが何軒もある。

他人の評価も見方次第だ。「静かで落ち着ける」といった調子の謳い文句は「周囲に人の気配がまったくない」の意味かもしれない。その逆で「バックパッカーの聖地」という一文を鵜呑みにしてカオサン通りに宿を取ってしまうと、ケタ違いの騒々しさで寝るに寝られなくなってしまうのはＰａｒｔ１で説明したとおりだ。

見知らぬ街での宿探しは運試しの要素がないこともない。それを踏まえてバックパッカーには、ハズレ宿に当たった場合でも、すぐに移動できるフットワークのよさが求められるのだ。

旅の計画

日程で決めるバックパッカーの行き先

バックパッカーになって日本を飛び出し、まずはタイ王国を足がかりにして東南アジア諸国を旅すると決めたわけだが、具体的には「どうやって」「どこに向かって」進めばいいのだろうか。

無計画な旅も旅ではあるが、それは上級者に限ってできること。バックパック旅行が初めてだったり経験が浅かったりする場合は、簡単でもいいから移動プランを立ててみたい。それがわかれば必要な予算も計算しやすい。

そのプランは厳密に守らなくてもいい。その場で臨機応変に変えていくのがバックパック旅行の醍醐味なのに、プランに縛られて自由を奪われては意味がない。

だからここではおおまかに、全体の外郭（アウトライン）を定める程度にしておこう。

どれだけの期間を旅に費やせるか、そこから出入国ルートを考えるのは、昔もいまも同じだ。

一ケ月ほどの日程があれば東南アジア諸国完全制覇も可能だが、それでもかなり落ち着きのない旅になる。自由になれる日々があまりなければ、出入国する国は二ケ国くらいか、多くても三ケ国以内にとどめたい。そうやってじっくりと、時間の流れが目に見えて感じられるくらいの余裕を持っていたほうが、バックパッカーとして旅している意味をより強く感じ取ることができるはずだ。

空路を駆使して移動するルート見本

まずは時間のない人たちのために、空路を軸にした旅のプランを考えてみよう。

日本
↓

タイ（バンコク）
←
空路（直行便）
←
カンボジア（シェムリアップ）
←
空路（直行便）
←
ベトナム（ホーチミン・シティ）
←
日本

　これはタイから東に向かって国境を越えていくルートだ。
　日本からまずはタイに入国して準備と体調

カンボジアといえばアンコール遺跡ははずせない（シェムリアップ）

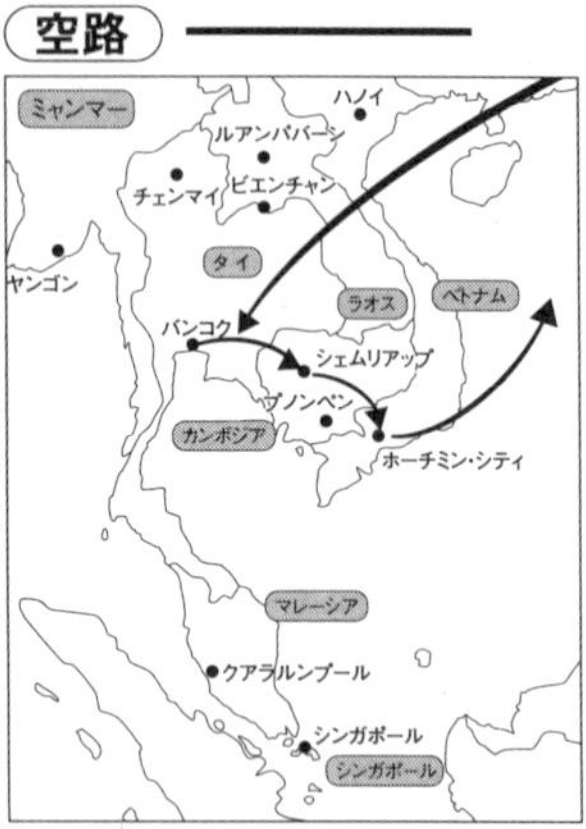

を整え、難易度のやや高い国へと移動していくという本書のコンセプトに沿ったルートで検討すると、これがいちばんシンプルで無理がない。

シェムリアップは、タイの首都バンコクとカンボジアの首都プノンペンの中間に位置する観光都市だ。世界遺産にも指定されている有名なアンコール・ワットを擁する遺跡都市で、バンコク、プノンペン、ホーチミン・シティの各都市と空路直行便で結ばれている。

途中、プノンペンで降りてもいいが、あまり見どころのない街なので、時間的余裕がなければシェムリアップでカンボジアを堪能し、一気にベトナムまで飛んだほうが旅を楽しむ余裕が出るだろう。

続いてはタイから北に向かって国境を越えていくルートだ。

日本
←
タイ（バンコク）

←
空路（直行便）
←
ラオス（ビエンチャン）
←
空路（直行便）
←
ラオス（ルアンパバーン）
←
空路（直行便）
←
ベトナム（ハノイ）
←
日本

空路

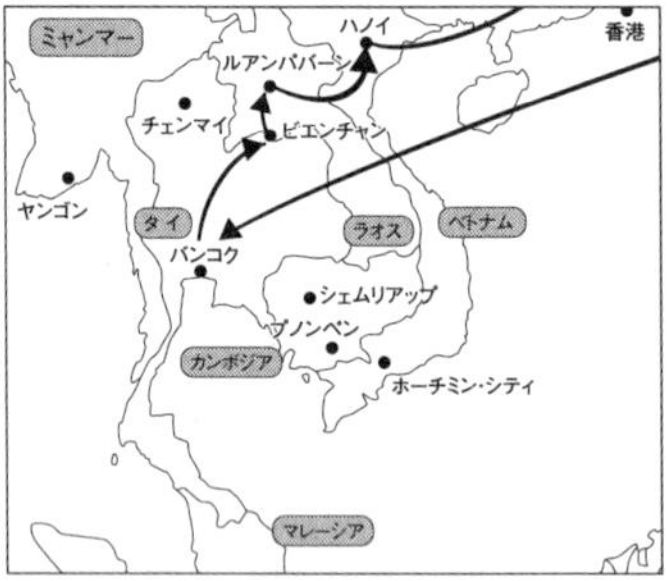

ラオスは敬虔な仏教国（ヴィエンチャン）

日没直後のスラー・ターニー。ここから船が沖に出ていく

激しいベトナム戦争を耐え抜いたロンビエン鉄橋（ハノイ）

街全体が世界遺産に指定されているルアンパバーンからハノイへ飛ぶのは、作家の村上春樹氏がラオス入りしたのと逆のルートになる。同氏はハノイでベトナム人から「ラオスにいったい何があるというんですか？」と問われたらしいが、日本に帰国するころには、その答えがつかみ取れているはずだ。

参考のために書いておくと、本書冒頭の「プロローグ」にあるような「メコンの河畔で朝を迎える」ための最短のルートは次のようになる。

日本国内の空港を午前の便で出発
↓
タイ（バンコクの国際空港）に夕方到着
↓
夕刻以降発の国内航空便または夜行寝台列車、あるいは夜行バスで、国境の町ノーンカーイに行く（ノーンカーイには空港がないので空路の場合は手前のウドーン・ターニーまで飛び、そこからバスで移動する）

↓
到着したら、すぐそこがメコンの岸辺

日本を出発して二四時間以内に二国間の国境にたどり着くのは不可能ではない。メコン川を越えたらそこはラオスの首都ビエンチャンだ。国境はすぐに越えてもいいし、翌日以降にしてもいいし、タイ国内の別の場所に移動してもいい。日程に余裕があるのなら、この先のルートは行ってから考えるのも悪くはない。

一方で、同じルートを空路を使わず陸路で進んでいくなら、さらに刺激的な旅ができる。

陸路を駆使して移動するルート見本

日本
↓

（上）ベトナム、メコンデルタの水上マーケット（カイベー）
（下）ベトナム中南部の市場（ダラット）

タイ（バンコク）←
陸路国境越え←
カンボジア（シェムリアップ）←
バスまたは鉄道で東に移動←
カンボジア（プノンペン）←
陸路国境越え←
ベトナム（ホーチミン・シティ）←
日本

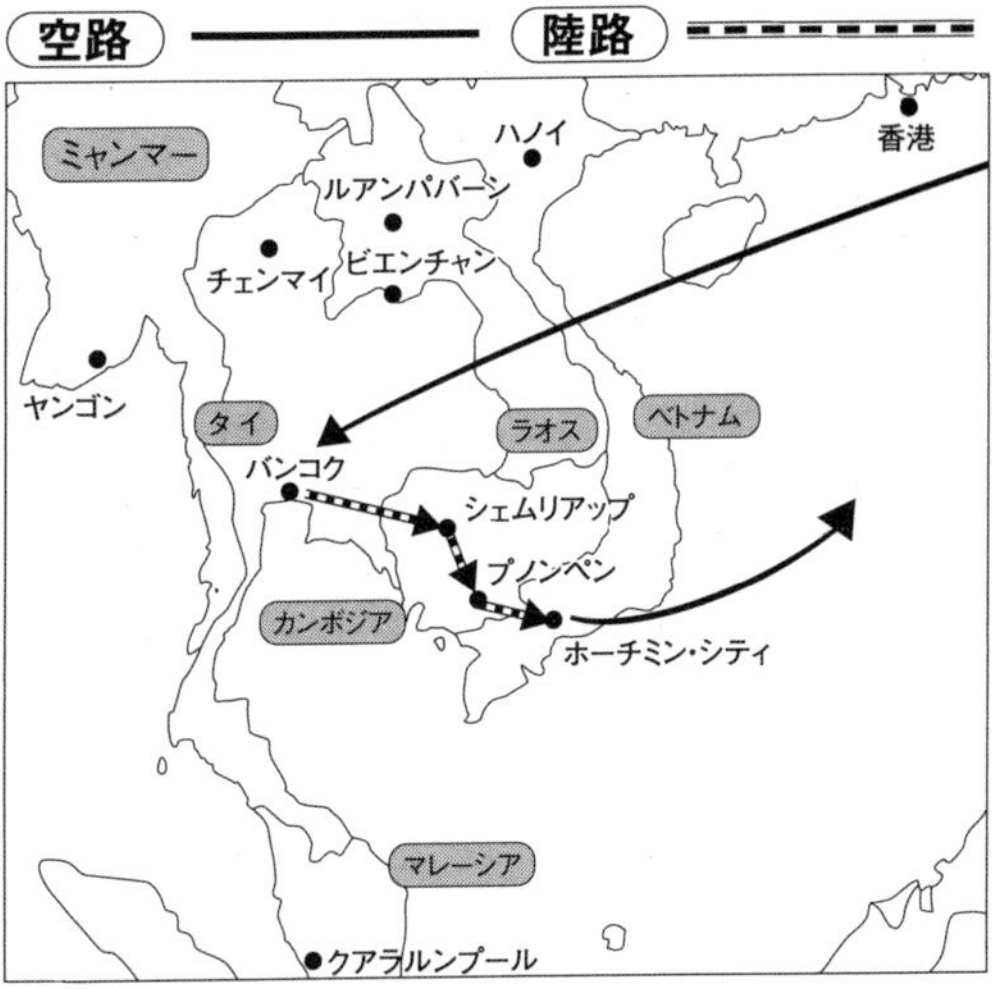

陸路のみでバンコクからホーチミン・シティまで移動する内容の濃いルート。アジアを旅するバックパッカーの間では以前から一般的に使われている。

ベトナムに入国してからは、ホーチミン・シティからニャチャン、ホイアン、ダナン、フエ、ハノイとさらに陸路で北上して、ハノイから日本に戻るルートも追加できる。かなりハードな旅になるが、東南アジア、特にインドシナを満喫できるバックパッカーには魅力的なルートだ。

語学力と忍耐力が試される陸路移動はバックパック旅行の基本でもある。空路移動の十数倍の時間と忍耐力が求められるが、達成感の大きさでは比べものにならない。

ただし、移動による疲労もまた大きいので、日程には十分な余裕を持たせておきたい。

この陸路国境突破行に海路を加えると、旅は一段とダイナミックなものになる。

中華様式の混交した独特の文化圏（ホーチミン・シティ）

陸路と海路を征して移動するルート見本

日本
←タイ（バンコク）
←バスまたは鉄道で南部に移動
←海路国境越え
←マレーシア（ランカウイ島）
←バスまたは鉄道でマレー半島を南下
←マレーシア（クアラルンプール）

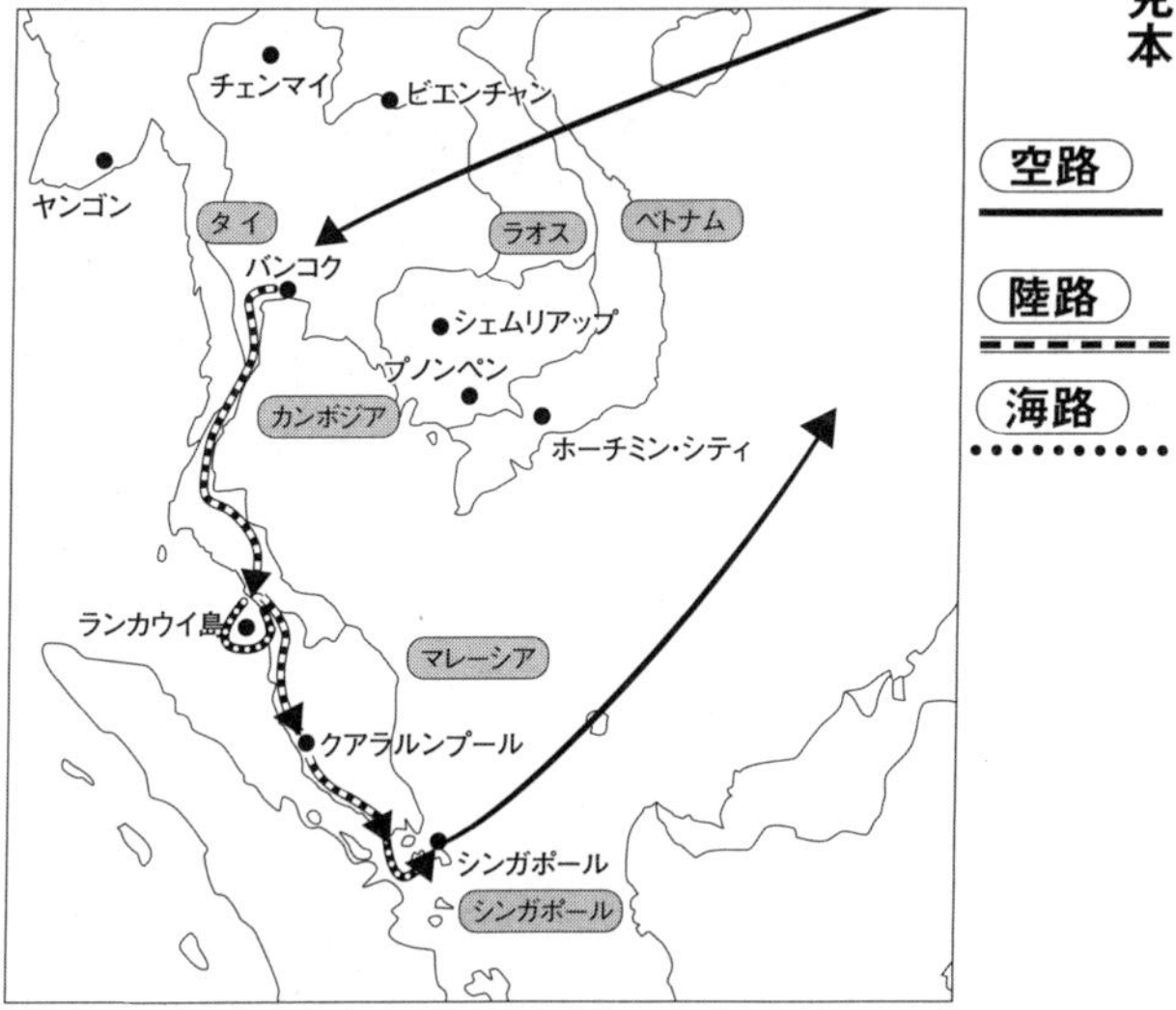

←渡橋して国境越え
←シンガポール
←日本

タイ南部の港町から船で南の海を越え、マレーシアに入国するルート。出国手続きはタイの港で行い、入国手続きは島に到着してから行う。

ランカウイ島は国際的なリゾート・アイランドとして有名で、砂浜はまぶしく白く、海はどこまでも青い。そんなリゾートビーチで落ち着くためにも、この島ではある程度の滞在日数を確保したい。さもないと、どうにももったいない気持ちにさせられるはずだ。

マレーシア領内に入ったタイの国際列車（パダン・ブサール）

国境をわずかに越えただけで完全な異国の雰囲気に（ランタウ・パンジャン）

ともあれ陸路や海路を利用しての国境越えは、バックパッカーにしかできない旅の典型だ。可能であれば、できるだけそうやってパスポートの出入国スタンプを増やし、友人たちに自慢しよう。

以上はタイ王国を起点にして東南アジアを回っていくルートだが、すでにパッケージツアーなどでタイにもバンコクにもなじみがあるというなら、この逆順で移動してみるのもいいだろう。

もしくはタイから出発して再びタイに戻る周回ルートにしても、最後に旅の疲れを癒すことができる。料理がおいしく、マッサージやエステも充実しているタイで旅の疲れを取り、完全にリフレッシュして帰国するのは非常に正しい考え方だ。

タイほど気楽に旅することができる国はアジアには他にない。それを痛感できたなら、次の旅行もやはりここから——あるいは最後の締めに取っておこうという気になるはずだ。

バックパッカーの事前情報収集
情報収集の目的をはっきりさせる

旅先で得られる刺激と感動は事前情報が少ないほど多くなる。新作映画を観るときを思い出してほしい。事前にストーリーや登場人物や結末がわかっていても、スリルや感動が得られるだろうか。真の驚きは、なんの予備知識もなくスクリーンの前に座ってこそ得られるのではないのか。

「行ってみたい」と思っていた国であれば、心のどこかに引っかかるなにかがそこに、その街にあるはずだ。それらを研究的に調べるのは悪くない。現地でのフィールドワークでしか答えを得られない疑問がそこで浮かび上がってくることもある。

ただし漠然と、事前情報は多ければ多いほどいいと信じて集めても、目的がはっきりしていなければ、利用のしかたもわからない。行く前にすべてを知ってしまい、旅行に行く意味を失ってしまうことすらあるかもしれない。

情報は、集め出したらきりがない。また、知れば知るほど興味も関心も減るし、旅の楽しみも減ってくる。日本の若者たちが旅をしなくなったのは、ここにも大きな理由がある。彼らは行く前に、すべてを知ってしまっているのだ。

行かなくても、なにもかも知っている。行かなくても、行ったことのある人がすべて教えてくれる。行く前に、実際に行った人より現地に詳しくなっている。その結果、「行ってがっかりするのが嫌だから」という声すら聞かれるが、それもまた旅の楽しみのひとつではないか。

なによりも、行く前と行った後で自分がなにも変わらないのはおもしろくない。新鮮な発見をして驚き、興奮し、記憶に刻み込む。それがないなら旅をする必要など最初からない。

旅の記憶は「予定どおりに行かなかった」「思っていたものとは違っていた」ときほど強く長く心に残るものだ。僕なども、記憶に残っているのはそんな思い出のほうが多い。旅先で多くの写真を撮っているが、実際に撮れた写真よりも、なんらかの理由で撮れなかった記憶——もしあの瞬間に写真が撮れていたら——のほうが鮮烈で美しい。

それらは苦く、痛々しい思い出でもあるが、いつも心のどこかに引っかかって、僕を過去のその瞬間に連れ戻してくれる。

思い出したくもない体験が、いつの間にか懐かしい記憶にすり替わっていることすらある。そうした記憶こそが、旅で得られた宝物だ。

この逆に、なんの問題もなくスムースに事が運んだ旅の記憶は、ほとんど心に残っていない。なにかの拍子に旅日記をひもといてみて、ようやく思い出すくらいだ。

だからといって最初から無計画で無謀な旅をすすめるわけではないが、人間の記憶とはそういうふうに刻まれて、積み重なっていくものなのだ。

ガイドブックについて

かつてのバックパッカーには「ガイドブックは意識して持たない」という選択があった。パッケージツアーの参加者を白い目で見るように、ガイドブックを手にして旅する旅行者も軽蔑しているところがあったのだ。

いまや情報はスマートフォンの中に詰まっている時代だ。書籍形態のガイドブックは「持たない」ではなく「持つ必要がない」と言ったほうがいいくらいで、売れ行きも激減しているらしいが、それでも僕は、少なくとも一冊は持って行くようにしている。

そのガイドブックは、しっかりした地図が掲載されているものを選んでいる。電気がなければ使えなかったり、電波を見失ったら役に立たないスマートフォンの地図では不安が消えない。そんな追い込まれた状況下で最も頼りになるのが地図だからだ。

それ以外の情報は、なにを求めているかによるだろう。飲食店か、土産物屋か、観光名所か。そこは自分の興味のあるものを軸にして探し求めればいい。

印刷メディアの特性上、得られた情報が商品化するまでにはタイムラグがある。紹介されている情報は新しくても二ヶ月前のものだから、その間に店やホテルやレストランが消えてしまうこともある。経済発展の著しいアジアでは、半年で街の景色が変わるのも珍しくない。これはネット情報であれ紙メディアであれ、しかたのないことだ。

このような理由で持たないバックパッカーも増えてはいるが、持っていれば活用できることもある。

ガイドブックには通常とは逆の使い方もあって、たとえばそれに目を通すことにより、観光客や外国人が多く集まる店や場所を避けることができる。最初に大きく紹介されている物件は、誰もが最初に行く場所だ。そこは当然ながら、多くの人が集まる。つまり俗化しているということだ。

そんな商業主義に染まった場所を見つける最適の方法が、ガイドブックには隠されている。さらには、そんな隠しコマンドのような「旅の裏側」を重箱の隅を突《つつ》くようにして見つけ出すのがバックパッカーの愉悦だったりもする。

そこまでひねくれた使い方をするのはよほどの玄人パッカーに限られるが、そうでなくてもガイドブックに載っている名所はとりあえず行き、それ以外の場所にも行ってみるくらいの気構えは持っていたい。

せっかくだから、この際「行けるところはすべて行き、見られるものはすべて見る」ように心がけよう。その上でさらに、そこに紹介されていなかったものを見つけ出して優越感にひたるのが、人とは違う旅をする人＝バックパッカーなのである。

「そこにはもちろん行ったさ。で、そこの裏道にこんなものがあったのは知ってるかな……」

という調子でね。

現代は電脳バックパッカー時代
スマートフォンは必需品

予定がはっきりと決まっている旅なら、しばらく消息を絶ってしまうのもおもしろいだろう。そうすることによって完全な自由を得たような気分がより高まる。

しかし、周囲はたまったものではない。バックパッカーとしての経験があるにせよないにせよ、ひとり旅は本人以上にまわりの人たちが不安になる。周囲に身寄りや友人知人がまったくいない人もいるだろうが、そうでないなら出発前に、彼らに気を遣っておくべきだ。

海外での滞在が一ヶ月を超えると、本人以外の誰もが心配になってくる。「便りのないのはよい便り」はいつの時代も変わらないが、あまりにも長期間にわたって便りがないのは不安でしかない。本人は孤高の旅人を気取っていても、家族からすれば迷惑な国際徘徊者になっている可能性もある。

近年は無差別テロの発生もある。いつ、どこでどのように発生するかわからないのがテロの本質だ。その対応策として、いつでも、どこでも、どのような形でも連絡を取れるようにしておくのは現代のバックパッカーの基本でもある。

どんなに自由を求めていても、海外では家族または親しい誰かと連絡を取りあえる状態にしておこう。それには手持ちの携帯電話があればいい。それで現地（渡航先の国）の電話会社の電波が拾えるなら、どんな機種でも十分だ。

ただ、安心感で言うならスマートフォンのほうがいい。たとえ海外でのひとり旅に反対されても「スマホがあるから」のひと言で周囲を納得させることもできるはずだ。日本独自のガラケー（通話に特化したケータイ）でもいいが、この時代にバックパッカーとして旅するならスマートフォンを手にしておこう。

スマートフォンを持たない現代人があまりいないのと同様に、この手のデバイスを持たないバックパッカーはいない。かつて冒険家や探検隊はトランシーバーを握りしめて未知の世界に踏み込んだ。それと同等以上の機器が手元にあるのだから、活用しない手はない。

スマートフォンでできる非常事態への対応は、

・安否の確認
・危険情報の収集
・緊急事態発生の連絡

の三点だ。ひまつぶしのゲームやSNSを使っての自己アピールにも役立つが、これらが手元でできるのは力強いことこのうえない。

さらには連絡網の端末として有効になるだけではなく、その一台で旅の予算を大きく節約することもできる。バックパッカーにとって安否確認や危険情報の収集と同等以上に活用できるスマートフォンの機能には、

・ホテルの予約
・航空券の予約（特にLCC）
・長距離バスや鉄道列車の予約

・タクシーの手配（ＵｂｅｒやＧｒａｂなど）

などがある。二〇世紀の時代には、わざわざ現地の旅行代理店まで出向き、慣れない外国語をフルに使わなければできなかった移動手段や宿泊施設の予約が、手元で、しかも簡単にできるのだ。

さらには、

・通訳
・翻訳
・現地の詳細地図
・ガイドブック

といった機能も、この一台の中に詰め込まれている。

いずれもアプリを使用しなければならないが、どのアプリがどの目的で最適に機能するかは自分の目と手で確かめるしかない。

日本ではあまり使うことのないアプリもあるだろう。準備段階でのホテルの予約や航空券の購入はできるだけスマートフォンのアプリを利用して行い、日本を出る前に操作方法を身に付けておきたい。

SNSのアカウントを作っておこう

スマートフォンは天上から垂れ下がった蜘蛛の糸だ。その細い糸をつかんで上っていけば現世＝元いた場所＝日本に戻ることができる。不安のある人は電波の届く範囲内で行動すればいい。誰かに緊急連絡を受信してもらえる範囲で旅をするのも、初心者や単身の旅行者には悪くない。

監視されているようで嫌だと思われるかもしれないが、二一世紀の現代では、よほどの僻地に行かないかぎり、どこに行っても電波は届く。むしろ電波網から逃れきるほうが大変だ。つまり、ほぼたいていのところには、誰かと連絡を取り合いながら行けるのだ。

その連絡は、電話機同士の直接会話でもできるが、毎日だと面倒だし、自由な気分も損なわれる。そこで活用したいのがSNS（ソーシャル・ネットワーキング・サービス）だ。知られているところでは、LINE、フェイスブック（メッセンジャー）、インスタグラム、ツイッターなどがそれだ。このうちのひとつくらいは、すでに利用しているのではないだろうか。

日本ではLINEが最も使われているが、アジアではフェイスブックの人気も高い。旅先からの情報発信手段としてはインスタグラムもよく利用されているが、これも提供はフェイスブックと同じ会社だ。

これらのアカウントを持っていなければ、いますぐにでも作っておこう。現地で友人を作ったら、そのうちのどれかは必ずたずねられる。なくてもいいが、あったほうが楽しさも増える。

どのアカウントを作ればいいかと問われたら、「とりあえず全部だ」と答えておきたい。緊急事態の連絡や警報は、どこから最初に入ってくるかわからない。非常時にはアクセスが集中してサーバーがダウンし、肝心の連絡がつかない事態も起こりうる。使わなくても事前に複数作っておいたほうが、いざ必要となったときにあわてなくてすむ。

たとえ複数のアカウントを持っていても、すべてに常時アクセスする必要はない。どれかひとつをメインで使い、そのアカウントを友人知人や家族に告知して、連絡し合うのがいいだろう。緊急用、日常連絡用で使い分けてみるのもいいアイデアだ。

更新頻度も、互いの現状確認ができる程度で十分だ。更新がしばらくなければ異常と判断し、直接電話してくる取り決めを家族や友人間で作っておけば、安心感はさらに高まる。

なにはともあれスマートフォンは、現代人のための迷子札だ。忘れずしっかりと身に付けて、地球上のどこかに自分が存在していることを、周囲に知ってもらっておこう。

パッキングの開始
バックパック旅行は大人の遠足だ

さて、長々と続いた解説を終え、いよいよパッキング＝荷造りの開始だ。

現地で買えるもの、そうしたほうが安いものは到着してから買いそろえることにして、まずはともかく旅立ちだ。胸の内の熱い思いが沸き立っている内に足を踏み出す……そうやってバックパッカーの第一歩が始まる。

そうとわかればパッキングだ。大げさなことばかり言っていてもしかたがないから、とにかく荷物を詰め込もう。きっと、それだけで楽しい気分になれるはずだ。なぜなら、これは遠足の準備だからだ。

バックパック旅行とは、つまるところ大人の遠足だ。ならば思い出してみるがいい。学校を離れ、親元からも離れて、どこか遠くへ行ったあの日のことを。

家族以外の仲間とバスに乗り、最後は歩いて目的地にたどり着く。たいして遠くまで行っていないのに、ずいぶんワクワクしたものだ。いまの気持ちは、それとまったく変わらない。

あのときも様々なものをリュックサックに詰め込んだ。弁当、お菓子、水筒などなど。カメラもスマートフォンもなかったが、それだけでも十分に楽しい気分になれたりした。

それをいま、何年ぶり、何十年ぶりに行っているのだから、楽しくなれないはずがない。リュックサックはバックパックへと進化したが、言い方が変わっただけで、本質はなにも変わっていない。童心に返るという言葉があるが、いまがまさにその瞬間だ。

バックパッカーは、バックパックの中に夢と希望と不安を詰め込んで旅をする。それが荷物を軽くしたり重くしたりする。遠足は一日で終わるが、バックパック旅行は簡単には終わらない。一週間、一ヶ月、一年と、下手すれば一生涯続く。

荷物を背中にかつぐのは自分自身だ。だから、なにを詰めてもかまわない。楽をするのも苦労するのも、すべて自分が決めるのだ。苦しくても文句を言わないのであれば、なにもかも詰め込んで持って行けばいい。自身の両足が、それを運んでいくだけだ。

なにを詰め込み、なにを置いていくか。ここは一番の迷いどころだが、求められるのは「断捨離」の心構えだ。バックパックに詰めるもの、それは自分の力で運べるもの。足腰の負担を減らし、できるだけ遠くまで行こうというなら、ここで一気に断捨離して、荷物とともに心も軽くしてしまえばいい。

バックパックの中身は、しばらく旅を続けているうちにこなれていく。必要なものは残り、不要なものは捨てられ、サイズはやがて固定化する。バックパックの形そのものも、自分の体型と体格に合わせて自然とフィットされていくはずだ。そうなるとバックパックは軽くなる。たとえ重さは変わらなくても、体と一体化した分だけ動きやすくなるのだ。

バックパックが体の一部になって、どこまでも、いつまでも背負っていられる気持ちになったその瞬間、初々しく日本を飛び出た旅人は、どこから見ても疑いようのないバックパッカーになるのである。

バックパックについて

バックパッカーなのだからバックパックが必要だ。これがなくては始まるものも始まらない。これさえかついでいればバックパッカーと呼ばれるわけで、ないとどうにも決まらない。

ただ、正直なところ、こだわりすぎる必要はない。三泊四日程度の行程であれば、普段使いの手提げカバンでも十分に間に合う。家を出て飛行機に乗ってホテルに向かう程度であれば、大げさな装備は最初から必要ない。

最近は「コロコロ族」といって、スーツケースをころころと引っ張りながら旅をする人たちもいる。都会での移動が確定していて、悪路や未舗装路を突破する必要がないのなら、その選択も間違いではない。機能的であれば、それが自分に都合がよければ、それでいいのだ。

しかし、そこは気分の問題だ。出張に行くでもなく、温泉旅館にくつろぎに行くのでもない僕たちは、やっぱりバックパックを背負いたい。いや、背負わなければならない。背負うことによって生まれる使命感こそがバックパッカーの命なのだ。

バックパックは大小を合わせ持つのが基本

……と、そこまでは言わないが、本来背中にあるべきものがないと、どうにも寂しい気持ちになるのは事実でもある。

ただ、バックパッカーといえども、毎日バックパックを背負っているわけではない。正直に言うと、それを背負うのはホテルからホテルへ、あるいはバスターミナルや空港への移動の間くらいだ。

その間には移動のためにバスに乗ったり、鉄道を利用したりするかもしれない。都会派のバックパッカーであれば、背負ったときの機能性よりも、バッグを下ろしたり、かついだり、中のものを取り出す際の便利さを重視するのが正解だ。

常に背負うとしたら、それは小型のものだろう。実際に旅立ってしまえば、デイパックまたはシンプルにナップザックと呼ばれる小さめのバックパックをかついでいる時間のほうが長くなる。大型のバックパックはホテル間の移動用、小型のザックは日々の観光用と、用途によって使い分けるのが現代のバックパッカーだ。

なにやらいろいろと書いてみたが、結局のところバッグなんて、荷物が入ればなんでもいい。

けれども旅人の人生は、ショルダーバッグには収まりきれない。

それを詰め込むのは、やはりバックパックしかない。

僕らはバックパッカーなのだから、そう思い込むことにしよう。その信念が、これからの旅と行動スタイルを、より強固にしてくれるのだ。

バックパッカーの足回り

バックパッカーの基本は、徒歩での移動であり観光だ。着ている服は古びていても、足元は常に確かにしておきたい。そのための足回りは慎重に整えておこう。だいたいにおいて、背中のバックパックと足元を見れば、その人の旅の熟練度がわかってしまう。たとえ両方とも汚れ知らずの新品であったとしても、旅のベテランはポイントの見抜き方が違うのだ。

よくある勘違いで、「丈夫で歩きやすい」との理由で山岳ハイキングで使うようなトレッキングシューズを履いて街歩きしている旅行者を見かけるが、本物の高所に行く予定がないなら、そこまで頑丈な靴を用意する必要はない。「歩きやすくて頑丈な」というガイドブックの記述を鵜呑みにしたのか、たまに重厚な本革製の登山靴を履いている人もいるが、平地では普通に歩くだけでも苦労するはずだ。

しっかりした靴は歩きやすいし疲れにくいが、頑丈すぎて重い靴では疲労も激しい。最近は中東地域で激しい戦闘を繰り広げている米軍兵士でさえ市販のハイキングシューズを愛用しているくらいで、それで必要十分だったりする。

現代の旅では不整地より舗装路や歩道を歩く機会のほうが圧倒的に多いので、そのための機能に徹した靴のほうが実用的であるし、実際に歩きやすい。こうなると市街地を中心に都市を渡り歩くバックパッカーの足元は、軽いジョギングシューズ

しっかり歩ききるにはしっかりした足元が求められる

あたりでいいと決定づけることもできる。

アジアの熱帯地域での旅であれば、サンダルを履いている時間のほうが、きっと長くなるはずだ。アジアを旅するバックパッカーの足元は、だいたいはビーチサンダルか青い鼻緒のゴム草履と決まっていたものである。

このゴム草履はいまでも販売されているが、これを履いての長時間歩行は正直厳しい。裸足より少しはマシという程度で、足裏の怪我防止には役立つが、足腰への負担は大きい。それはつまり、行けるはずのところに行けなくなってしまうということでもある。

僕も二〇代後半に始めた最初の旅ではビーチサンダルを愛用していたが、バックパッカーの基本は徒歩という現実に気づいてからは、奮発してドイツのビルケンシュトックのサンダルを履くようにした。無職の若年バックパッカーの財布には痛手の出費だったが、おかげで足の疲れが激減し、行動範囲は格段に大きく広がった。

このサンダルは何年にもわたって愛用し、その間、靴底は二度張り替えたから、結局は安い買い物になったと言える。幸いにもアジアでは街のあちこちに靴の修理屋がある。底の張り替えはすぐにできるし、手間賃も格安だ。

修理が不可能な状態にまで履きつぶしたら、その場で買い直せばいい。有名ブランドのスポーツシューズやスニーカーは、アジア各地のショッピングセンターやスポーツ用品店で手軽に購入することができる。販売価格は日本より高いが、品ぞろえはほぼ同じだ。

大手メーカーの製造工場があるベトナムではB級商品（いわゆる検品落ち）の横流し販売が堂々と行われている。検査に落ちるだけあって質は悪いが、日本では見られない珍品もあったりして、違う楽しみを見つけることもできる。

貴重品の管理

バックパックには生活用具のすべてを詰め込むが、貴重品（特に金銭）は絶対にこの中に入れてはいけない。乗り物に乗って移動中も、宿に置いたままにしているときでもだ。これはバックパック旅行の鉄則として、しっかり頭にたたき込んでおきたい。

あたりまえのことだが、空港でチェックインの時に預け入れる荷物の中には絶対に入れてはいけない。国際空港は安心できる場所ではない。航空会社は一流でも、荷物を上げ下ろしする職員が所属不明だったりするのは世界各地で普通に見られる。作業場が窃盗犯のたまり場になっていて、それが一向に改善されない空港も現実にある。

航空機内に預け入れるバッグの中には盗まれないもの、別の言い方をするなら「盗む気になれないもの」だけを入れる。これは海外旅行時の鉄則中の鉄則だ。

現金などの貴重品は、手と目の届く範囲で管理する。昔から利用されている薄型のウエストバッグなどで体にぴったり保持する方法は、現代でも有効だ。

海外で人類性善説を信じていては命取りになるだけだ。人間という生き物は「衣食足りて礼節を知る」のである。不謹慎と言われようが、甘さと理想だけではバックパック旅行など続けられない。バックパッカーには現実に対処する冷めた心も必要なのだ。

あとは行ってから考えよう

説明はこのあたりで終え、行ってからそろえても遅くないものは後回しにしよう。迷っていたらなにもできない。なにより準備に手間取っている時間がもったいない。まずは最低限必要なものだけを持って飛び出し、残りは現地で買い求めればいい。その方法はＰａｒｔ１で説明済みだ。

服などは特別に買う必要はない。それこそ現地で買えばいいものの代表だ。暑い季節のアジアにしか行かないのであれば、手持ちの中から夏服を出して、適当に数日分をそろえればいい。二日分程度でも大丈夫だ。

目的が変われば準備も変わる。まずは気分を楽しむこと。実用的かどうかはあとで実感すればいい。そこから修正しても、十分すぎるほど間に合う。人跡未踏の奥地に向けて出発するわけではないのだから。

ここまできたら、あとは出発するだけだ。
胸はドキドキしているだろうか。
心はワクワクしているだろうか。
もはや迷っている時間すらも惜しいくらいだ。
こうなったら一日でも早く行ってしまうしか、この気持ちを抑えることはできない。
バックパッカーはいつの時代でも、こうやって世界に旅立っていく。
まだ見ぬ土地と、人々の群れと、その場に立っている自分自身の姿に胸躍らせて。

エピローグ　異郷の夜

タイ南部　漁港のある町　スラー・ターニー

午前八時の国歌吹奏で始まったタイの一日は、午後六時に再び流される国歌で終わる。早朝と同様に、夕方も同じ手順で国歌が流れる。人々が歩みを止めて立ち止まるのも変わらない。

そこから先が、タイの夜だ。

地方都市の夜は早い。観光客がほとんど訪れない田舎に行くと、町はあっという間に寝静まる。

繁華街といえども例外ではない。飲食店は午後八時にラストオーダーを迎え、八時半には閉店する。九時になると通りから人の気配が消え、飲食店どころか酒を呑む場所すらない。

外国人には行くところもわからず、意味なく歩いても行き着くところはない。旅人は朝から晩まで楽しく気ままに過ごしているように見られているが、夜は意外と退屈だ。

田舎に行けば行くほど、することがなにもなくなってしまう。ホテルの明かりは思っているよりも暗く、読書にはほとんど適さない。かといってスマートフォンのバックライトは明るすぎて神経に障る。

なにもすることがない町に行くと、どうしても早寝となり、必然的に早く起きることになる。バックパックをかついだ旅をすると健康的になるのは、普段より足を使うこともあるけれど、強制的な早寝早起きにも理由があるように感じている。

実際、旅に出る前と比べてみると、快眠、快食、快便の日々だ。旅によって人間本来の姿に立ち返ったのだと、自分自身で痛感する。

ここはタイ南部の港町、スラー・ターニーだ。沖にはリゾート・アイランドとして有名なサムイ島やタオ島が浮かび、地方都市にしては外国人旅行者の姿が目に付く。漁港もあって、週に何度かは漁船が入り、沖合いで獲った魚を水揚げしている。市場は大きく、海産物が主体で、早朝は大変なにぎわいだ。

その一方で店じまいも早く、午後には町全体が閑散とした空気に包まれる。ナイトマーケットもあるが、終わりは早い。この町では、午後八時を過ぎれば屋台の片付けが始まる。地元の一般客が中心で、夜更かしする人たちは対象にされていない。だから夕食の買い出しが一段落すると、にぎわいはそのまま終わってしまう。

手近には夜遊びする場所もない。退屈を感じる地元の若者たちは、こぞって首都バンコクを目指して出て行ってしまう。こうして地方が空洞化していくのは、どこの国でも同じだ。

ナイトマーケットから川に向かって歩いて行くと、そこに港がある。漁港は郊外に移転したが、沖合いの島に渡るナイトボートの船着き場はまだ残されている。

ナイトボートと呼ぶくらいで、ここから出る船は夜行船だ。スラー・ターニーの港を午後九時に出港し、目的地のタオ島には翌朝の午前六時過ぎに到着する。いまどき珍しい長時間の船旅だ。

午後九時発のナイトボートが出ると、次は午後一一時に小型のフェリーが出る。それが最終の出発便だ。曜日や季節によっては、そこから次の便まで丸一日以上空くことがある。海が荒れれば、もっと空く。一週間以上も出ないことも、モンスーンの季節には珍しくない。列車や飛行機が五分や一〇分遅れたくらいで腹を立てるような人間は、永遠に利用できない乗り物かもしれない。

しかし、そんな不便で苦難の旅を、あえて求める人たちがいる。バックパッカーは、そうした類の連中だ。

彼らは快適でスムースな移動ではなく、ひねって複雑な行程を選ぶ。そうやって資金を節約しつつ、普通の旅では得られない体験を積み重ねていくのだ。

残念なことにそのバックパッカーも、最近は苦労を積極的に買わなくなっている。スマートフォンを活用し、快適性と効率性を追い求めながら、合理的に移動していくのだ。現実の行程よりもスマートフォン内での激しい出入りを重視し、そこで得られた情報の多寡で優劣を競い合うようにもなっている。

右も左もわからないまま旅をする愚か者は情報弱者と蔑まれる時代だ。テクノロジーの発達によって世界は変わり、旅人たちの価値観もまた大きく変わってしまったのだ。

こんな船を選ばなくても、ここから少し先にある別の港に行けば、もっと速くて快適な大型フェリーに乗ることができる。高速なモーターボートも行き来していて、それならさらに短時間で島に渡ることができる。

便利さを求める方法は簡単だ。無理して苦しい旅を自分に強いる必要はない。

にもかかわらず、いまでもこのようなエアコンのない狭い船室で、地元の人たちと肩を寄せ合いながら、何時間も揺られて島に渡ろうとする旅人たちがいる。わずかの金で、もっと楽ができるというのにだ。

最終のフェリーが出てしまうと、スラー・ターニーは完全に深夜となる。わずかの屋台に明かりが残るが、客の姿はほとんどない。通りを行き交う車もなく、大通りでさえ無人の歩行者天国のように静まりかえっている。

沖を目指す者は船に乗り、寝床のある者は宿に戻っていく。眠る時間には少々早いが、遊びに出るにはもう遅い。暗い夜道を宿まで歩く。なんだか物足りないような、それでいて心身ともに充実しきっているような不思議な気分だ。そんな複雑な切なさを楽しむのが、異国の夜の正しい過ごし方かもしれない。

こうして一日が終わり、再び明日がやってくる。明日の夜は、今日とは違う町にいる予定だ。

予定は未定に過ぎないが、求めているものは決まっている。

——明日という日も、今日のように充実した刺激に満ちているのだろうか。

——親切で心優しき人たちが、同じように待っていてくれるのだろうか。

異国に飛び出た僕たちは、ただそれだけを求めている。

そこになにがあるか、どんな出会いが待っているかは、行ってみるまでわからない。だから明日も進むのだ。


前に向かって、荷物を背負って。

それが僕たちバックパッカーの、やるべきことだ。

日没直後のスラー・ターニー。ここから船が沖に出ていく

フルーツを売るナイトマーケット。ピークの時間帯はもう過ぎた

知恵の森
KOBUNSHA

タイからはじめるバックパッカー入門《にゅうもん》

著　者——藤井伸二（ふじい しんじ）

2021年　4月20日　初版1刷発行

発行者——鈴木広和
組　版——萩原印刷
印刷所——萩原印刷
製本所——ナショナル製本
発行所——株式会社光文社
東京都文京区音羽1-16-6 〒112-8011
電　話——編集部(03)5395-8282
書籍販売部(03)5395-8116
業務部(03)5395-8125
メール——chie@kobunsha.com

ISBN978-4-334-78796-7　Printed in Japan

78729-5
tい14-1
岩瀬《いわせ》　幸代《さちよ》
ゆるり、南の島国へ
アユボワン！　スリランカ
文庫書下ろし
心と体を整えるアーユルヴェーダ、仏教遺跡、バワ建築と星占い、そして美しい海…。旅のコーディネートも手掛ける著者が、ガイドブックに載らない、スリランカの魅力を教える。
800円

78331-0
cう2-1
浦《うら》　一也《かずや》
測って描いたホテルの部屋たち
旅はゲストルーム
アメリカ、イタリア、イギリスから果てはブータンまで。設計者の目でとらえた世界のホテル六十九室。実測した平面図が新しい旅の一面を教えてくれる。
860円

78636-6
cう2-2
浦　一也
測って描いたホテル探検記
旅はゲストルームII
文庫オリジナル
セレブが集う憧れホテルから、海辺のリゾートまで。世界の客室に泊まり、実測図を描き続けてきた著者による、ユニークなホテル探検記の続編。新しい旅の楽しみも発見できる。
840円

78347-1
cこ10-3
小泉《こいずみ》　武夫《たけお》
「鋼の胃袋」世界を飛ぶ
地球怪食紀行
ストックホルムで地獄のカンヅメに仰天し、オーストラリアでマグロ焼いて火事騒ぎ、食の冒険家による、世界の食エッセイ。『地球を怪食する』改題。（解説・田尾和俊）
700円

78538-3
aこ2-3
高　信太郎
楽しく学んで13億人としゃべろう
まんが　中国語入門
中国語は漢字を使っているから、視覚から入れば覚えやすい。だから「まんが」で勉強しよう！　初歩のあいさつから簡単な会話まで、笑って読むうちに自然に覚えられる！
648円

78608-3
tさ4-1
齋藤《さいとう》　利也《としや》
小原《おはら》美千代《みちよ》
幸福王国ブータンの智恵
「自分の幸せよりみんなの幸せ」というチベット仏教の教えをもとに、近代化を急がず、自然環境や伝統文化を守ってきたブータン。国民の97％が「幸福」と答える国の素顔に迫る。
629円

78645-8
tた2-2

谷川《たにがわ》　一巳《ひとみ》

ローカル線ひとり旅

お得なパスの使いこなし術、バスやフェリーも活用する方法、通勤電車みたいなロングシート車両の避け方…。初心者でも、旅情溢れる汽車旅が楽しめる〝コツ〟を伝授する。

680円

78379-2
cた11-1

谷口《たにぐち》　尚規《ひさのり》　著
石川《いしかわ》　球太《きゅうた》　画

冒険手帳

火のおこし方から、イカダの組み方まで

◎小石や木の枝を使った通信法◎腕時計を使って方角を知るには◎砂漠で水を得る方法―刊行時、当時の少年たちの冒険心を刺激しまくった名著、待望の復刊！

780円

78702-8
tは4-2

長谷川《はせがわ》まり子《こ》

アジア「女子旅」の達人

プチ・ゴージャス気分の味わい方から、リスク回避術まで

文庫書下ろし

航空チケットやホテルの予約など、個人旅行を成功させるにはコツがある。アジアをディープに旅してきた著者が、お得でゴージャスな気分になれる「達人の旅行術」をすべて伝授。

720円

78689-2
tみ3-1

光瀬《みつせ》　憲子《のりこ》

美味しい台湾　食べ歩きの達人

台北＆郊外のグルメタウンから、高雄まで

文庫書下ろし

台湾に長年暮らした著者による、最新のグルメ案内。首都・台北を始め、隠れたグルメタウン板橋や三重も。ガイドブックには載っていない、ディープで旨い地元食堂が満載！

680円

78724-0
tよ3-1

吉田《よしだ》　友和《ともかず》

沖縄プチ移住のススメ

暮らしてみた3カ月

文庫書下ろし

沖縄に魅せられ、妻と約3ヶ月の娘をつれてプチ移住を決行した「週末海外」の第一人者の著者が、「住んで分かった本当の沖縄の面白さって？」などを書いたエッセイ！

700円

78283-2
cよ1-1

アジア光俊《みつとし》　文
よねやまゆうこ　絵

うりひゃー！　沖縄

行っちゃえ！　知っちゃえ！　おまかせガイド

文庫書下ろし

うりひゃー（うわー）。ディープな沖縄はまるで東南アジアだ。バリ、バンコクに続く、カラーイラスト入りで「ここまで見てやろう旅」第三弾。

743円

78736-3
tさ7-1

酒井《さかい》　充子《あつこ》

かつて日本人だった人たちを訪ねて

台湾人生

日本統治時代を生きた世代は「日本語世代」と呼ばれる。台湾に魅せられた映画監督が、歴史に翻弄された人々への取材を重ね、その悲しみと愛憎を丁寧に記録するノンフィクション。

740円

78713-4
tし5-1

島田《しまだ》　裕巳《ひろみ》

日本仏教史　七つの謎を解く

空海と最澄はどっちが偉いのか?

宗教学者で作家の島田裕巳が、信仰という〝聖域〟の中で形作られた高僧たちの華麗なる姿を、史実を基に検証し、わかりやすく解説する。『島田裕巳の日本仏教史　裏のウラ』改題。

660円

78677-9
tし3-3

所澤　秀樹

青春18きっぷで愉しむ
ぶらり鈍行の旅

1日でどこまで行ける?　モトがとれる距離は?　乗り継ぎテクニックや旅のプランニングのコツまで、18きっぷの使いこなし術を、鉄道旅の名人が伝授。『鉄道を愉しむ鈍行の旅』改題。

680円

78592-5
tす3-1

鈴木《すずき》　隆祐《りゅうすけ》

知られざる名店を探せ!

東京B級グルメ放浪記

文庫書下ろし

気軽にお腹を満たすなら、地元に根付く昔ながらの食堂がいい。小鉢自慢の定食屋、さくさくフライの洋食屋、野菜たっぷり中華など、一食千円、約350店の東京・食べ歩き録。

800円

78646-5
bせ1-7

瀬戸内寂聴《せとうちじゃくちょう》

五十からでも遅くない

51歳で出家の道を選んだ著者が〝女と孤独〟〝五十代の恋〟などの女性の悩みに、自身の体験と仏教の教えを交え、答えていく。齢を重ねてなお美しい現代女性たちへの応援歌!

640円

78123-1
cめ1-4

タカコ・半沢《はんざわ》・メロジー

はじめてでも、リピーターでも

イタリアのすっごく楽しい旅

文庫書下ろし

旅行ガイド本には書いてないことばかり起こる国イタリア。だから感動に遭遇できる。イタリア暮らし十六年の筆者が、もっと楽しく、さらに美味しくなるイタ旅をアドバイス。

476円